LUCA STEFANO CRISTINI

UNBEKANNTE FÜHRER
HITLER COME NON L'AVETE MAI VISTO

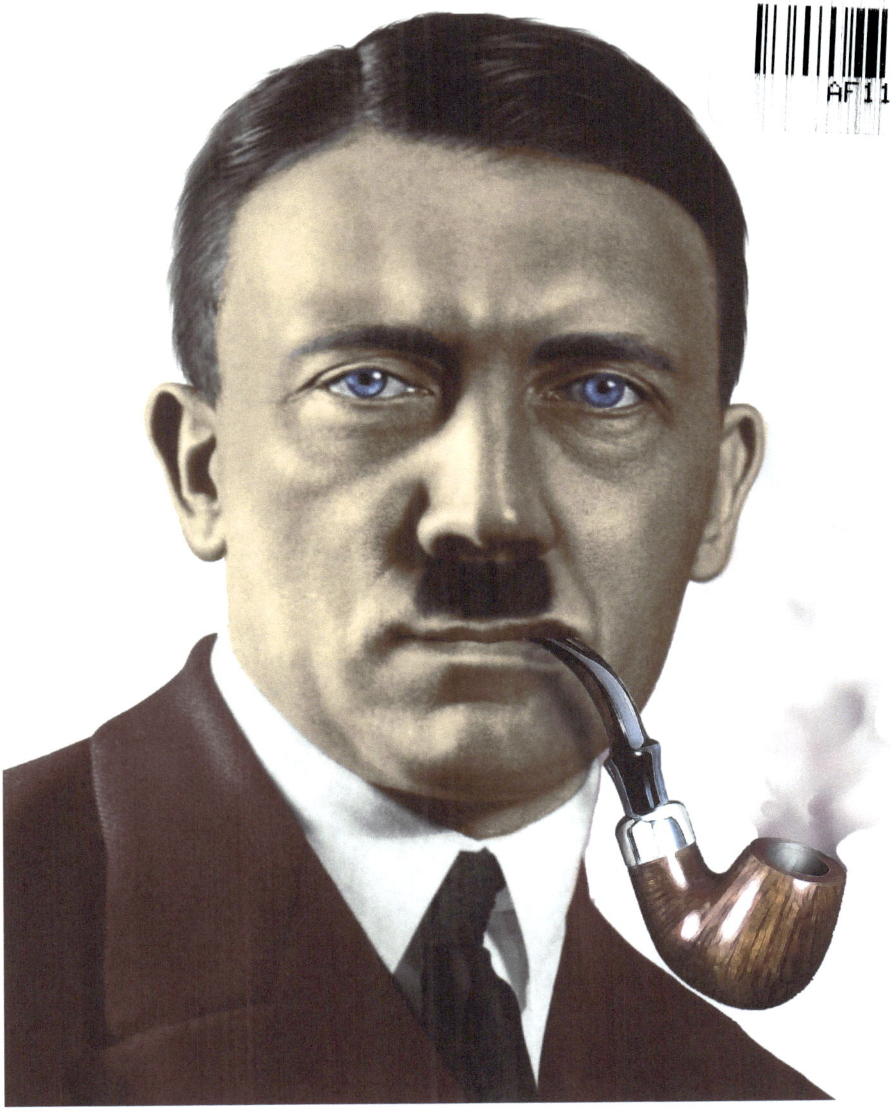

AUTORI - AUTHORS :

Luca Stefano Cristini, bergamasco, appassionato da sempre di storia militare. Dirige da diversi anni riviste nazionali specializzate di carattere storico e uniformologico. Ha collaborato con gli editori Albertelli e De Agostini per varie loro pubblicazioni. Ha pubblicato un importante lavoro, su due tomi, dedicato alla guerra dei 30 anni (1618-1648). Luca Cristini ha al suo attivo molti titoli delle collane Soldiershop.

Luca Stefano Cristini, is an Italian leading historical hautor and illustrator. Specialising in medieval and Renaissance period. He is author of about twenty books for Soldiershop Publishing, Isomedia, Albertelli (Tuttostoria), and De Agostini Publishing.

NOTE EDITORIALI - PUBLISHING'S NOTE

Tutto i contenuti dei nostri libri, in qualsiasi forma prodotti (cartacei, elettronici o altro) sono copyright di Soldiershop.com. I diritti di traduzione, riproduzione, memorizzazione con qualsiasi mezzo, digitale, fotografico, fotocopie ecc. sono riservati per tutti i Paesi. Nessuna delle immagini presenti nei nostri libri può essere riprodotta senza il permesso scritto di Soldiershop.com. L'Editore rimane a disposizione degli eventuali aventi diritto per tutte le fonti iconografiche dubbie o per quelle immagini di cui non sia stato possibile reperire la fonte. I marchi Soldiershop Publishing ©, Bookmoon e i nomi delle nostre collane - Soldiers&Weapons, Battlefield, War in Colour e Historical Biographies sono di proprietà di Soldiershop.com; di conseguenza qualsiasi uso esterno non è consentito.

None of images or text of our book may be reproduced in any format without the expressed written permission of Soldiershop.com. The publisher remains to disposition of the possible having right for all the doubtful sources images or not identifies. Our trademark: Soldiershop Publishing ©, The names of our series: Soldiers&Weapons, Battlefield, War in colour and Historical Biographies are herein © by Soldiershop.com.

BOOKMOON

La nostra nuova colana di libri dedicati al mondo dell'arte, della musica, della storia e della letteratura. Bookmoon, libri nati per il piacere della lettura, da sfogliare con piacere, anche grazie alle molte illustrazioni curiose ed inedite. Libri per l'ora del crepuscolo, sotto la luna...

HISTORICAL BIOGRAPHIES

Questa collana è completamente dedicata alle biografie, in ogni forma di grandi personaggi della storia, del mondo dell'arte, della scienza ecc. Volumi realizzati con una preferenziale prospettiva iconografica, attraverso immagini inedite, rielaborate, fotomontaggi. Il tutto unito a testi e inserti anch'essi più possibile inediti, curiosi e interessanti.

RINGRAZIAMENTI E CREDITI FOTOGRAFICI - PHOTOGRAPHIC CREDITS:

Gli autori desiderano ringraziare in particolare la disponibilità di importanti archivi internazionali, che ben applicando la moderna normativa del fair use, o dell'applicazione di favorevoli licenze d'uso hanno permesso l'utilizzo di immagini in loro possesso a determinate condizioni e modi. In particolare modo segnaliamo le immagini proveniente dal Bundesarchiv, le cui immagini sono rilasciate sotto licenza Creative Commons 3.0 (CC-BY-SA). E' anche stabilito che le immagini rilasciate con tale licenza, abbiano una risoluzione massima di 800 punti sul lato più lungo.
Nello specifico di molte immagini usate in questo libro, e nei nostri altri libri dedicati al periodo a cavallo e che comprende gli anni del secondo conflitto mondiale, abbiamo altresì fatto uso di fonti provenienti dai principali archivi statunitensi che li rilasciano per uso libero, per scadenza di copyright, perché di pubblico dominio o per altre ragioni. Le immagini di fonte tedesca, italiana, giapponese ecc. raccolte, sequestrate o entrate in possesso dei governi alleati americani ed inglesi durante la seconda guerra mondiale, sono entrate in proprietà di tali governi, ed in specie del governo degli Stati Uniti nel 1951. Tali immagini sono oggi considerate di pubblico dominio, per la sentenza vertente il prezzo della guerra contro gli Stati Uniti (United States Court of Appeals, del 20 novembre 1995), che ha confermato che le stesse non sono più coperte da copyright da parte dei proprietari del copyright originale. Parte della sentenza recita: "Gli USA possono disporre di elementi che sono stati sequestrati durante l'occupazione alleata dei paesi dell'asse come meglio ritengono opportuno, e anzi lo hanno già fatto."
Tutto il resto delle rimanenti immagini sono state realizzate, raccolte o acquisite dagli autori sui luoghi e/o nei musei citati.

*In the UK and in the U.S., several photos of Germany, Italy and Japan held by the respective National Archives are in the public domain as seized enemy property. All the Bundesarchiv images are licensed Creative Commons Attribution ShareAlike 3.0 Germany License (CC-BY-SA). All the images are 800 pixels in size on the longer side.The publisher wishes to thanks especially the honorable German Bundesarchiv, the US NationalArchives and Records Administration (NARA) and Library of Congress for the great part of the images used in this book.
Where otherwise indicated the original images are licensed Creative Commons of Bundesarchiv.*

Mit Notizen und Beschriftungen an den Bildern in deutscher Sprache

With notes and captions to images in English

ISBN: 978-88-96519-55-4   1st edition: Maggio, 2012   2nd Edition May 2016
Title: **UNBEKANNTE HITLER (Hitler sconosciuto)** Hitler come non l'avete mai visto **(Historical Biographies 001)** by Luca Stefano Cristini.
Editor: SOLDIERSHOP PUBLISHING. Cover & Art Design: L. S. Cristini. Illustrations restored & re-colored by L.S.Cristini. Correzione delle bozze Monica Balzi.

In cover : Un inedito Adolf Hitler con bicicletta e pipa in bocca sullo sfondo delle montagne bavaresi dell'Obersalzberg...

PREFAZIONE - PREFACE

Non ci si appassionerebbe tanto all'approfondimento di uno dei periodi più bui e nefasti della storia moderna, se non fossimo così tangibilmente in presenza di un interesse caparbio volto alla comprensione di eventi assurdi, quasi inspiegabili ed ancora oscuri ed inquietanti.
Ancora oggi, a quasi settant'anni dagli avvenimenti, ci si domanda come sia potuto accadere che un uomo dall'apparenza scialba e qualunque, sia diventato un personaggio storico di primo piano, in un crescendo sempre più mostruoso di accadimenti che resero la storia simile ad un'opera wagneriana dagli esiti tremendi,purtroppo assolutamente reali.
La seconda guerra mondiale,infatti, secondo studi recenti, ha provocato la morte di oltre settanta milioni di persone ed un numero ancora maggiore di feriti ed invalidi;la distruzione di un incalcolabile numero di edifici, opere e strutture, pubbliche, private e militari in moltissime parti del mondo.
Il triste primato di questo brutale conteggio delle vittime spetta all'Unione Sovietica che, a causa dell'attacco tedesco del 1941, subì la perdita di oltre 23 milioni di individui fra soldati e civili. La stessa Germania perse nel corso del secondo conflitto mondiale, quasi 8 milioni di persone fra soldati e civili. La Cina, aggredita dal Giappone, altri 20 milioni di morti.
La Polonia oltre cinque milioni. Numeri inferiori, ma sempre assai significativi, subirono tutti gli altri paesi coinvolti.
La tragedia dell'olocausto tolse la vita a oltre sei milioni di ebrei, a mezzo milione di zingari, a centinaia di migliaia di uomini fra testimoni di Geova, pentecostali, cattolici, omosessuali, disabili e malati psichiatrici.
Oltre alle morti, vanno considerate anche tutte le innumerevoli tragedie subite dai sopravvissuti, le loro vessazioni, le torture e le privazioni cui furono sottoposti che ne piegarono il corpo e la mente.
Moltissimi furono i responsabili diretti e indiretti di questa immane tragedia, fra le più mostruose e aberranti che la storia umana ricordi.
Su tutti però il principale responsabile fu certamente Adolf Hitler, il dittatore tedesco, che in soli dodici anni di potere assoluto in Germania, pose le basi ed esercitò le decisioni che provocarono la spaventosa guerra mondiale.
Hitler, con Stalin e pochi altri, appartiene a quella poco invidiabile categoria di individui che hanno segnato la storia con infinite montagne di cadaveri. Sulla figura di Hitler e sulle sue filosofie, sono stati scritti migliaia e probabilmente anche più di trattati e libri. Fiumi di inchiostro hanno analizzato ogni attimo della vita di questo oscuro caporale austriaco destinato a divenire il Führer del reich che doveva essere millenario. Fu capace di ordinare lo sterminio di milioni di persone ree, dal suo punto di vista, di appartenere a razze degenerate che non meritavano la minima pietà; ed ancora di non battere ciglio nel richiedere la fucilazione di migliaia di soldati inermi, come nel caso dei militari italiani di Cefalonia che si erano arresi dopo una breve resistenza alle truppe tedesche sull'isola. In questa nostra modesta, ma appassionata ricerca, non ci occuperemo però della parte sanguinosa, bestiale e drammatica delle imprese di quest'uomo.
Frugando avidamente nella vita privata di Hitler, alla ricerca di curiosità, aneddoti e notizie poco conosciute del dittatore nazista, analizzeremo invece il suo lato più intimo e personale, da piccolo borghese austro-bavarese, innamorato dei cuscini ricamati e dei mobili Biedermeier di dubbio gusto, di fiori e gerani che a iosa voleva sui davanzali, delle marcette militari e dei valzer di Strauss. Perché Hitler era anche questo.
Il tutto illustrato da foto poco conosciute o con inedite ricolorazioni che offrono un nuovo e, speriamo interessante, punto di vista.
E' assai noto ai più che Hitler non beveva, non fumava; era gentile con i suoi collaboratori e molto galante con le signore. Inoltre si diceva che amasse così tanto gli animali da non mangiare carne. Potrebbe sembrare il ritratto di un uomo mite; invece Hitler fu uno dei più grandi assassini della storia. Una definizione che certo sarebbe parsa assurda all'interessato che non pensava affatto di essere un criminale e credeva intimamente di avere grandi e nobili ideali perché il suo obiettivo primario era creare il grande impero tedesco.
Peccato che, per realizzare il suo progetto, non gli importasse di quante vite e di quante sofferenze questo avrebbe comportato.
Hitler attribuiva scarso valore alle vite dei singoli, nemmeno se queste persone erano i suoi soldati e la sua gente.

Luca Stefano Cristini

Wir müssen grausam sein, wir müssen es mit ruhigem Gewissen sein, wir müssen auf technische, wissenschaftliche Weise zerstören.

(Dobbiamo essere crudeli, dobbiamo esserlo con la coscienza pulita, dobbiamo distruggere in maniera scientifica) A.Hitler

INDICE - CONTENTS:

Hitler, Hüttler, Hiedler o Heutler ?	Pag. 5
Come un renitente austriaco divenne un caporale tedesco...	Pag. 11
Le case e i bunker di Hitler	Pag. 19
Hitler la dieta e il cibo	Pag. 37
Hitler il sesso e le donne	Pag. 43
Hitler i cani e gli altri animali	Pag. 57
Hitler: chiesa e religione	Pag. 63
Curiosità e leggende	Pag. 69
Bibliografia	Pag. 79

▲ **1937 agosto, scatto rubato,** probabilmente da Eva Braun ad un Hitler in eleganti abiti borghesi a Obersalzberg.

1937 Dreharbeiten gestohlen, wahrscheinlich von Eva Braun, Hitler auf dem Obersalzberg in eleganten Straßenkleidung.

1937 stolen shooting, probably by Eva Braun to an Hitler in elegant street clothes at Obersalzberg.

◄ **1933 fotomontaggio di Hitler in veste di nuovo kaiser della Germania.**

1933 Fotomontage von Hitler zum neuen Kaiser von Deutschland.

1933 photomontage of Hitler as the new kaiser of Germany.

HITLER, HÜTTLER, HIEDLER O HEUTLER ?

▼ **1889 Braunau Austria-Ungheria.** Questa è la prima fotografia nota del futuro dittatore tedesco. Adolf Hitler nasce figlio di Alois e della sua terza moglie Klara, il giorno 20 aprile 1889 a Branau piccola cittadina vicina a Linz a pochi chilometri dal confine con la Germania.

1889 Adolf Hitler als Kleinkind (Porträt). Faschistischer Führer, Hauptkriegsverbrecher. geb: 20.4.1889 in Braunau (Inn) gest: (Selbstmord) 30.4.1945 in Berlin

1889. Infant Adolf Hitler, son of Alois and Klara. Adolf Hitler was born on April 20 1889 at Braunau am Inn, Austria, a small town 90 km west of Linz in the province of Upper Austria, not far from the German border.

Adolf Hitler nasce a Braunau am Inn il 20 aprile 1889, suddito di Francesco Giuseppe, quindi non propriamente un figlio della Germania. Significativamente però viene alla luce nella *Gasthof Zum Pommern* (la locanda del pomerano). La Pomerania, regione nord orientale della Germania, è dunque, sia pur casualmente, il suo primo elemento alemanno. Tuttavia, sebbene nato austriaco, Hitler fu da subito molto legato al suo paese natale, e personalmente si considerò tedesco di Germania da sempre, anche perché fino alla rettifica dei confini operata al Congresso di Vienna del 1814, Braunau apparteneva al Regno di Baviera, il che è storicamente comprovato.
Ma questa diatriba sulla sua etnia non è l'unica, né l'ultima. Interessante a questo scopo un'analisi del suo cognome.
Tanto per iniziare il padre, il doganiere Alois, nacque da un certo Hiedler (o Hüttler). Sua madre, una povera contadina, non era sposata quando nacque, perciò Alois adottò inizialmente e per diverso tempo, il cognome materno Schicklgruber, nome questo che tradisce immediatamente le origini tipicamente bavaresi. Quando Alois compì cinque anni, finalmente il "presunto" padre Johann Georg Hiedler sposò sua madre, conferendo a quel punto il suo cognome al ragazzino. La madre di Adolf Hitler, Klara Pölzl a sua volta era figlia di Johanna Hüttler, quindi presunta parente del suo futuro marito che dovrebbe essere figlio biologico di suo nonno. Klara avrebbe quindi sposato un suo zio, un parente che fra l'altro proveniva già da due precedenti matrimoni. Ma torniamo al padre di Hitler. Questi, morta la madre, ancora ragazzino venne mandato a lavorare da un suo zio, tale Johann Nepomuk Hiedler, il quale possedeva una fattoria vicino alla cittadina di Spital. Secondo alcuni storici è addirittura probabile che questi fosse il suo vero padre. Riepilogando: Johann Nepomuk Hidler o Hüttler o ancora Heutler fu il nonno o in alternativa prozio del nostro Hitler. L'unica cosa certa al momento è che il nome Hitler non è

▲ **1940 Monaco, ritratto ufficiale di Emil Maurice** in tenuta da ufficiale delle SS, organizzazione che Maurice e Hitler progettarono insieme. I due avevano le tessere nr. 1 e 2 del corpo.
1940 München, Emil Maurice, Landeshandwerksmeister.
1940 Munich, Emil Maurice, Hitler's old friend.

▶ **1923 Hitler, Emil Maurice** (alla guida dell'auto) ed altri camerati impegnati in tour propagandistico a Hof in Baviera il 15-16 settembre, poche settimane prima del Putsch di Monaco dell'8 novembre 1923. Nell'auto si riconosce: alle spalle di un Hitler curiosamente vestito, il fido Ulrich Graf. Questi poche settimane dopo questa foto fece da scudo a Hitler durante il famoso Putsch di Monaco ricevendo diversi colpi di arma da fuoco salvando di fatto la vita al suo capo, che per questa ragione gli fu eternamente grato. Sull'auto sono presenti anche Hans Ulrich Klintzsch (primo comandante delle SA), Christian Weber, Hans Klotz, Walter Buch. Tutti fra i primissimi camerati del Fhurer negli anni della ricerca del consenso. Segnaliamo su tutti Emil Maurice l'autista di Hitler, che incrociò molte disavventure con il suo capo, fino alla momentanea rottura causata dalla forte infatuazione che Maurice ebbe per la nipote di Hitler: Geli Raubal.

1923 Hof, Bavaria am Deutschen Tag in Hof 15-16 September - Adolf Hitler auf einer Propagandafahrt im Auto mit Ulrich Graf, Hans Klotz, Walter Buch, Hans Ulrich Klintzsch ,Christian Weber, Emil Maurice, von Winkler und frau.

1923 September, Hof, Bayern. In the open-air car, a young Hitler wearing driving cap. to Hitler's left: Ulrich Graf, Hans Ulrich Klintzsch (first commander of the SA), Walter Buch, Christian Weber and Hans Klotz. During this time the main chauffeur was Emil Maurice and not Schellshorn or Ernst Johann Haug as indicated.

quello originario, e che lo stesso fu il risultato di un probabile errore di trascrizione fatto nell'ufficio governativo di Mistelbach il giorno in cui Alois decise di rinunciare per sempre al cognome materno! Errore spiegabile dovuto al fatto che all'epoca era ancora molto in uso il carattere gotico corsivo, scritto spesso in maniera frettolosa dagli impiegati e dai curati del tempo. Conviene soffermarci ancora un po' sulla figura di questo nonno/prozio di Adolf Hitler. Il cognome più usato da questi era Heutler, cognome realmente esistente e originario dei paesi orientali. L'atipico nome Nepomuk (Nepomuceno) era a sua volta caratteristico dei paesi cechi, più precisamente apparterrebbe alla comunità ebraica di Polna in Moravia. Il cognome Hiedler stesso, rimanendo nelle variabili etimologiche, per secoli indicava famiglie israelite provenienti dall'area danubiana (quindi anche in questo caso ritorna la matrice morava e boema).

Ed ancora a proposito del cognome materno con cui il padre di Hitler venne battezzato va ricordato che, nel 700, l'imperatrice Maria Teresa d'Austria aveva dato la cittadinanza piena agli ebrei che si convertivano al cattolicesimo e che essi erano soliti tradurre i propri cognomi ebraici in tedesco. Schicklgruber guarda caso era un cognome assai comune tra gli ebrei convertiti. Ma non è finita! Hans Frank, il tremendo governatore nazista della Polonia occupata, in una confessione ad un prete in attesa dell'esecuzione capitale che lo stesso aveva rimediato durante il processo di Norimberga, sostenne come molto probabile, che il vero padre di Hitler fosse un ebreo di nome Leopold Frankenberger. La questione, già nota, risaliva addirittura agli anni 20, quando si diffusero voci che Hitler avesse ascendenza ebrea.

I suoi oppositori scoprirono infatti la confusione che ho sintetizzato sul suo cognome e che il padre non si chiamava originariamente Hitler; nessuno inoltre pareva sapere con certezza chi fosse il nonno. Curiosamente lo zelante Heinrich Himmler ordinò un'indagine da parte della Gestapo nel 1942 che però non portò ad alcuna conclusione. Tornando a Frank, egli narrò di aver saputo che la nonna di Hitler, Maria, aveva lavorato come domestica a Graz nella casa del facoltoso ebreo

Leopold Frankenberger. In quella circostanza Maria sarebbe rimasta incinta di Alois, il padre del futuro Führer. In conclusione resta il fatto che nella seconda metà dell'ottocento gli Hiedler-Heutler-Hitler sono tutti cattolici. Spulciando qua e là ancora riappare nel 1814 la circostanza nel ramo famigliare di un ebreo, tale Leopold Hitler che si converte al cattolicesimo assumendo il "gesuitico" nome di Ignacio …

EBREI E NAZISTI

Del resto non era l'unico caso in cui alti papaveri del nazismo, oltre al capo supremo, cascavano in assurde contraddizioni in merito alle questioni razziali che tanto ignobilmente andarono propugnando, con il terribile risultato che tutti conosciamo. L'aspetto dell'ariano, figlio di una razza impeccabile, corredato da puntigliose definizioni teutoniche è una teoria assurda, fittizia e sconosciuta all'antropologia fisica. Ricordo a questo proposito alcuni casi emblematici. Reinhard Heydrich ad esempio, il terribile propugnatore e pianificatore della soluzione finale, vice di Himmler, da studente veniva spesso preso in giro dai compagni con il soprannome di Moses Handel, poiché si mormorava che avesse antenati ebrei. Il grande ammiraglio e responsabile dei servizi segreti tedeschi, Wilhelm Canaris affermò di aver ottenuto dei documenti che provavano le origini ebraiche di Heydrich, ma questi non vennero mai pubblicati. Lo stesso Heydrich ordinò ai ricercatori delle Schutzstaffeln di investigare su quest'ipotesi, dimostrando di non avere antenati ebrei. Tuttavia alla sua morte, dietro alle solenni onoranze funebri, lo stesso Himmler si lasciò andare in privato a pesanti considerazioni in merito a questa vicenda.

Un altro personaggio emblematico fu Emil Maurice, autista di Hitler e suo grande amico nei primordi del nazismo. Entrambi erano feroci e irriducibili antisemiti. Ebbene, pare che Maurice, di professione orologiaio, provenisse da una famiglia di ebrei francesi emigrati in Germania. Cacciato nella prigione di Landsberg insieme a Hitler e a Rudolf Hess, fu molto attivo nell'aiutarlo a redigere il suo famoso Mein Kampf. Nel 1925, due anni dopo il Putsch di Monaco, Maurice e Hitler fondano le Schutzstaffel (SS) tenendo per loro i brevetti 2 e 1 rispettivamente. Nello stesso tempo Maurice divenne autista di Hitler, ma ebbe l'imprudenza d'innamorarsi in quegli anni di sua nipote, Geli Raubal. Donna di cui lo stesso Hitler era molto invaghito, nonostante la parentela. Questo fatto provocò l'allontanamento di Maurice dalla cerchia degli intimi del Führer. Tuttavia, nel 1932 (Geli Raubal era nel frattempo scomparsa), Hitler lo perdonò ed egli poté rientrare in attività e parteciperà con la consueta violenza alla notte dei lunghi coltelli. Nel frattempo a capo delle SS è posto Heinrich Himmler. Questi emise tempo dopo la paranoica richiesta di purezza razziale per gli ufficiali delle SS. Ognuno degli aspiranti ufficiali al corpo dovette dimostrare la purezza della razza della loro famiglia a partire dal 1750, e proprio in quell'occasione venne fuori che Maurice aveva origine ebraica. Himmler, che non aveva simpatie per Maurice, in quanto suo rivale per tanto tempo nell'organizzazione delle SS, fu assai felice di questa scoperta e chiese che fosse espulso dalle squadre proprio a Hitler, di cui era amico di vecchia data. A questo punto il Führer, memore della sua forte amicizia, scrisse una lettera segreta a Himmler invitandolo a fare un'eccezione per Maurice e i suoi fratelli, che furono quindi informalmente dichiarati "ariani d'onore". Ciò permise a Emil di rimanere nelle SS. Nonostante la sua origine ebraica e il suo inopportuno rapporto con la nipote di Hitler, Geli Raubal, Maurice era e rimaneva per Hitler il suo vecchio compagno fedele. Questo non fu l'unico caso in cui il feroce antisemita Hitler fece un'eccezione nei riguardi di un ebreo. Un noto "beneficiario e vittima" al tempo stesso fu il medico austriaco Eduard Bloch. Questi fino al 1907 fu il medico degli Hitler. Il primo membro della famiglia che ebbe in cura fu il padre di Adolf, Alois Hitler, che morì nel 1903. Bloch curò anche la madre Klara Pölzl, alla quale diagnosticò un cancro al seno.

▲ **1938 Linz. Lo studio del dottor Eduard Bloch, storico medico di famiglia degli Hitler.** L'ebreo Dott.Bloch curò sia il padre che la madre di Hitler, seguendo con particolare attenzione il decorso doloroso finale di quest'ultima. Hitler fu di conseguenza molto legato per motivi di riconoscenza personale a questo medico, per il quale pretese una particolare attenzione affinché non gli capitasse nulla di male. La conseguenza fu che a un certo punto Bloch rimase l'unico ebreo residente di Linz dei tantissimi che c'erano prima. Pertanto alcuni anni dopo chiese ed ottenne di potersi trasferire negli Stati Uniti dove morirà nel 1946.

1938 Linz. Obermedizinalrat Dr. Eduard Bloch (Hausarzt der Familie Hitler), in seinem Ordinationszimmer im Hause Landstrasse 12.

1938 Linz. The doctor. Eduard Bloch (family doctor Hitler), in his consulting room in the home of Landstrasse 12.

◄ **1920 La famosa *Munich Hofbrauhaus*** come appariva in una vecchia cartolina dei primi del novecento. Qui il 24 febbraio 1920 Hitler vi tenne uno dei suoi primi comizi. Il posto divenne poi uno dei luoghi mistici della propaganda e storia del nazismo.

1920 Munich Hofbrauhaus. Im Rahmen der Gründung verkündete Adolf Hitler das 25-Punkte-Programm, das Parteiprogramm der NSDAP.

1920 Munich Hofbrauhaus. Adolf Hitler organized the first of many large publicity and propaganda events to be held at the Munich Hofbräuhaus.

La donna morì il 21 dicembre 1907 dopo intense sofferenze per lenire le quali lo stesso Bloch le somministrava quotidianamente dei farmaci antidolorifici. Ben conscio dell'indigenza della famiglia, il dottor Bloch si faceva pagare un onorario ridotto e spesso non pretendeva nulla. Anni dopo, Hitler provava ancora gratitudine per questo medico, che definì *Edeljude* (ebreo nobile). Tuttavia le tremende leggi razziali che apparvero in Germania, nel 1938 costrinsero il vecchio medico di famiglia a chiedere aiuto, per assurdo proprio a Hitler, il quale, legato da stima e debito nei suoi confronti, né favorì una protezione speciale dalla Gestapo. Era l'unico ebreo a Linz con tale privilegio. La pesante situazione di privilegiato suo malgrado lo convinse che era meglio emigrare dal Reich. Bloch infatti lasciò l'Austria nel 1940 per emigrare a New York, dove non poté più esercitare la professione medica, dato che la sua laurea non era riconosciuta negli Stati Uniti. Nel 1943 venne ascoltato come persona informata dei fatti dai servizi segreti americani, nel tentativo di capire qualcosa di più della complessa personalità di Hitler. A loro e nelle memorie che scrisse poco dopo, Bloch affermò che Hitler era l'uomo più triste allorché gli comunicò l'imminente morte della madre ricordandola come una donna molto pia e gentile. Così disse di lei: "*Sie würde sich im Grabe herumdrehen, wenn sie wüsste, was aus ihm geworden ist* "(Si sarebbe rivoltata nella tomba se avesse immaginato ciò che il figlio avrebbe combinato).

▲ **Hitler nacque in Austria** ma coltivò da sempre l'idea del Pangermanesimo. Dottrina che mirava ad unire tutti i tedeschi in una sola nazione. Anche per questo, fosse vissuto nel Rinascimento avrebbe certamente gradito un bel ritratto realizzato da Hans Holbein di Augsburg...   *Hitler Porträt von Hans Holbein.*   *Hitler Portrait of Hans Holbein.*

▶ **1915 fronte occidentale.** Il caporale Hitler con altri due suoi commilitoni in un ospedale militare a seguito delle ferite riportate in combattimento. Hitler subì due ferite, la prima all'inguine e la seconda a seguito di un'attacco di iprite (gas mostarda) che gli procurò una momentanea cecità. Per questi fatti egli ricevette per ben due volte la croce di ferro. Questa foto è particolarmente interessante perché ci mostra il personaggio con un tipo di baffi ancora alla kaiser, che a breve lasceranno il posto ai famigerati baffi a mosca. Interessante anche notare l'abbraccio che Hitler riserva al suo commilitone nel centro della foto (notare la mano destra di Hitler che tiene stretto il braccio del soldato). Tale vicinanza umana diverrà estremamente rara e scomparirà del tutto nelle immagini a venire. Questa immagine rappresenta solo un particolare dell'immagine originale, nella quale si vedono tutti e tre i soldati in piedi e la presenza del famoso cane Fuchsl, mascotte del reggimento bavarese per il quale Hitler provava un forte attaccamento.

1915 im Ersten Weltkrieg. Adolf Hitler 25 Jahre Soldat. Unmittelbar nach der Mobilmachung, am 3. August 1914, wurde Adolf Hitlers Gesuch an den König Ludwig III. von Bayern zum Eintritt in das bayerische Heer genehmigt. Am 16. August wurde Adolf Hitler als Kriegsfreiwilliger angenommen und dem bayerischen Reserve-Infanterie-Regiment Nr. 16 (List) zugewiesen, dem Adolf Hitler bis zum Kriegsende angehört hat.

1915 western front. Corporal Adolf Hitler, right, pictuerd with two other soldiers during his stay in a German military hospital. Hitler, twice decorated with the Iron Cross for bravery in World War I, had been wounded twice after he was shot in the groin and temporarily blinded by mustard gas.

COME UN RENITENTE AUSTRIACO DIVENNE UN CAPORALE TEDESCO..

All'avvicinarsi della maggiore età, lo squattrinato Hitler, figlio del doganiere austriaco Alois, non aveva ancora risolto granché nella sua esistenza. La scuola fu un fallimento. Ripeté il primo anno alla *Realschule*, cambiando spesso corsi di studio ed evitando diversi esami.
Compiuti i sedici anni decide di farla finita con la carriera scolastica senza aver rimediato alcun diploma. Si butta allora nell'arte, ma anche questa sua ultima impresa non diede i risultati sperati ed egli non diventerà mai un grande pittore. Nel 1910 l'esercito austro-ungarico lo cerca per notificargli l'obbligo di presentarsi alla visita di leva. Hitler però non si trova. Gli zelanti ufficiali dell'armata imperiale fanno ricerche in tutte le cittadine dove la famiglia Hitler ha via via abitato, ma senza successo.
Adolf pare scomparso. In realtà senza più un soldo in tasca e una fame atavica, si era rifugiato presso un ospizio per poveri diseredati a Linz. Quando intuiscono che lo si può cercare anche lì, Hitler è già uccel di bosco. Agli uffici di leva viennesi intanto raccolgono solamente poche scartoffie che riguardano il nostro, per lo più foglietti di debiti per pigioni non pagate e poco altro. L'insignificante Hitler non è nei pensieri di nessuno, trovarlo è come cercare il mitico ago nel pagliaio. Tuttavia lo zelo e la cocciutaggine tedesca caratterizzano anche la burocrazia militare imperiale, perciò le ricerche continuano. Alla fine si riesce finalmente a scovare questo povero disperato. Egli si trova a Monaco sbandato e solo. Le autorità imperiali lo spaventano e gli impongono un immediato rientro. Hitler si adegua, anche perché fra l'altro non ha nulla da fare e l'idea di rischiare il carcere per diserzione un po' lo turba.
Nel febbraio del 1914 raggiunge quindi il comando distrettuale dell'esercito austriaco a Salisburgo. Si sottopone alla visita di leva obbligatoria che certifica la sua assoluta inidoneità al servizio militare. Gli viene riscontrata un'insufficienza toracica e gli vengono diagnosticati problemi polmonari. Per di più si accorgono che è mancante di un testicolo! Non è buono nemmeno per un incarico sedentario. Rifiutato dall'esercito di Francesco Giuseppe viene quindi lasciato libero. Di botto il ventiquattrenne Adolf, guerrafondaio nato, razzista

▲ **1938 Hitler in tenuta di capo del Partito,** che ostenta la sua famosa croce di ferro risalente alla prima guerra mondiale, mentre se ne sta appoggiato alla scrivania del suo ufficio alla cancelleria.

1938 Adolf Hitler (mit Eisernem Kreuz und Verwundeten-Abzeichen) an Schreibtisch stehend.

1938 Adolf Hitler (with iron cross and wounded badge) standing on a desk.

▶ **1918 Hitler in convalescenza** a seguito di una intossicazione di iprite, qui ritratto insieme a diversi suoi commilitoni in un ospedale della Pomerania a Pasewalk. E' qui che avrà modo di conoscere per la prima volta i germi della rivoluzione seguita alla catastrofe della sconfitta tedesca della prima guerra mondiale che favoriranno le sue future decisioni di buttarsi, malauguratamente, nell'agone politico.

1918 Hitler Genesung von einer Senfgas-Vergiftung, mit einigen seiner Kameraden in einem Krankenhaus in Pommern Pasewalk abgebildet.

1918 Hitler recovering from a mustard gas poisoning, with several of his fellow soldiers at a military hospital of Pasewalk in Pomerania.

convinto, antifrancese, antislavo, si ritrova esonerato dall'esercito. Le uniche armi che può usare sono gli innocui pennelli e i colori per la sua carriera di acquerellista da quattro soldi. Pare proprio che quest'uomo non abbia un futuro e che sia destinato a vivere, come un relitto, ai margini della società.

Torna allora nei tuguri precedenti, senza neanche più uno zelante ufficio alle calcagna. Tuttavia la storia fa il suo corso e i cannoni d'agosto si fanno sentire. Un anarchico serbo spara all'erede al trono degli Asburgo, l'arciduca Francesco Ferdinando, ammazzando lui e la moglie. La guerra fra Austria e Serbia, considerata responsabile dell'accadimento, scoppia poco dopo, e per una serie davvero incredibile di coincidenze, gioco delle alleanze e altro, si allarga alla gran parte dei paesi europei.

Solo l'Italia, l'Olanda e la Spagna ne rimangono al momento fuori. Per Hitler è la rinascita, tutti vogliono fare la guerra, sicuri di vincerla. Lui è fra i più entusiasti all'idea e non intende, per nessuna ragione al mondo, rinunciare a parteciparvi. La fortuna è dalla sua!

A Monaco, dove si trova, la concitazione di quei giorni non fa guardare tanto per il sottile e lo scarno austriaco riformato alla leva riesce ad arruolarsi volontario. Viene assegnato al 16° reggimento di fanteria della riserva List.

Si parte immediatamente per il Belgio, ed è lì, a Ypres che questo reggimento verrà quasi decimato dall'uso dei gas. Hitler è al settimo cielo: contento come non lo si è mai visto, tiene registro e annota tutto quel che vede e vive in quei giorni. Ligio e servizievole, fa tutto il possibile per rendersi utile e per mettersi in mostra agli occhi dei suoi superiori, che lo utilizzano soprattutto come staffetta portaordini, compito che pare svolga con un certo rendimento. Il suo comandante ne è soddisfatto e rilascia le prime menzioni a favore dell'austriaco volontario. Rimedia la prima delle sue onorificenze: una croce al valore di terza classe insieme al nastrino nero per la ferita riportata dall'esplosione di una granata.

In seguito, quasi a fine guerra, il 4 agosto 1918 ottiene la croce di ferro di prima classe, decorazione della quale andrà sempre molto fiero e che sarà immancabilmente appuntata sulle sue future divise militari. Ecco che nasce la leggenda del *Gefreite* (caporale) Hitler. La motivazione di tale riconoscimento è talmente esagerata da sembrare impossibile. Egli, insieme ad un suo commilitone, avrebbe fatto irruzione in un reparto francese catturando ben 15 soldati nemici sotto la minaccia del suo solo fucile e di quello del suo camerata. L'operazione, nota come il combattimento di Montdidier, non è tuttavia menzionata nelle memorie del comandante del reggimento tedesco, il colonnello Von Tubeuf. Pare che molte vicende risalenti al periodo "buio" del futuro Führer siano state, in qualche modo, "generosamente" riscritte, facendo nel contempo scomparire fogli, brogliacci e testimonianze discordi. Secondo recenti ricerche d'archivio fatte dallo storico Thomas Weber, Hitler era chiamato dai suoi commilitoni "maiale da retroguardia", ovvero non proprio un vigliacco imboscato, ma quasi.

Il suo ruolo nelle trincee era di portare i messaggi dalla prima linea fino alle più sicure retrovie. Sempre nelle tesi di Weber, l'onorificenza della Croce di Ferro di prima classe, sarebbe stata più dovuta alla sua acquiescenza nei confronti dei suoi superiori e per la permanenza ad anni sul fronte, piuttosto che all'eroismo dimostrato nel campo di battaglia. A pochi giorni dalla fine della guerra, il 13 ottobre 1918, Hitler rimane vittima di un attacco di gas. Secondo alcuni storici fu tale lo spavento e il disgusto che provò per questa terribile esperienza, che non pensò mai di utilizzare il pur ricco apparato di armi chimiche che la Wermacht aveva in quantità assai superiori a quelle dei suoi nemici durante la seconda guerra mondiale. A seguito di questa intossicazione, Hitler viene ricoverato nell'ospedale militare di Pasewalk in Pomerania ed è soprattutto a quel periodo che risalgono le poche foto che ritraggono Hitler durante il primo conflitto mondiale. Lo si vede seduto in seconda fila, con l'aria seria e imbronciata, con i baffi ancora alla kaiser. Solo nel dopoguerra questi baffi cambieranno aspetto; diverranno "alla mosca" e lo renderanno unico e immediatamente riconoscibile. Nelle camerate di questo ospedale inizia intanto la sua carriera di oratore brontolone e urlante che però riesce a rimediare solo rimbrotti, lamenti e cuscinate in faccia allo scopo di farlo tacere. Lui si lascia allora andare ad un minaccioso e ahimè veritiero: *"Sentirete ancora parlare di me!"*. Nel frattempo, oltre alle prese in giro

dei suoi commilitoni, arrivano dalla vicina Kiel anche i marinai della marina imperiale che hanno aderito alla rivoluzione scoppiata ai primi di novembre. Spartachisti e comunisti dovettero subito apparire ai suoi occhi pericolosi sovversivi.
Contemporaneamente giunge la notizia dell'abdicazione e conseguente fuga in Olanda del Kaiser. La Germania si è arresa, ha perso la guerra. Per Hitler tornano gli incubi peggiori ed individua, in maniera ancora più definita, i responsabili di tale sventura nel capitalismo ebraico, nel mondo cattolico e in quello degli industriali. Tutto materiale di cui si nutrirà durante la sua ascesa al potere facendone malaugurata indigestione e diventando l'uomo che tutti conosciamo. Soffermiamoci quindi a questo periodo: la fine del 1918.
Un risultato indubbiamente utile è stato comunque ottenuto. Hitler con gli anni di servizio, i meriti (reali o presunti) conquistati, ha acquisito a tutti gli effetti la cittadinanza germanica. Ora e per sempre è e sarà un tedesco a tutto tondo.

▲ **1923 Unità di combattimento bavaresi** della *"Adolf Hitler"* in una zona vicino al confine della Turingia. Pattuglie in motocicletta, che mantengono il servizio d'ordine in preparazione del fallito Putsch di Monaco. Tutte le armi di questi Freikorps provenivano da depositi della prima guerra mondiale, alcune di esse erano addirittura state nascoste in un monastero francescano.

1923 Bewaffnete bayrische Kampfverbände der Privat Truppe "Adolf Hitler" in Neustadt an der Thüringschen Grenze. Motorradpatrouillen, welche den Nachrichtendienst unterhalten." Putsch im Jahre 1923.

1923 Bavarian armed combat units of the private company "Adolf Hitler" in Neustadt near the Thuring's border. Bike patrols, which maintain the intelligence service. In preparation of the Putsch in November 1923.

▶ **1921 il porto d'armi di Hitler rilasciato dalla polizia bavarese** con annessa foto in uniforme militare da reduce della prima guerra mondiale.

1921 Adolf Hitler waffen schein.   1921 The firearms license of Adolf Hitler.

▶ **1924 21 dicembre il giorno della liberazione di Hitler** dalla prigione di Landsberg, dove durante i nove mesi di dorata reclusione trovò il tempo di scrivere il suo testo più famoso, il **Mein Kampf**.

1924 am 20 Dezember Adolf Hitler (schaut böse) verlassen Landsberger Gefängnis, wo er schrieb „Mein Kampf".

1924 Adolf Hitler (looking angry) leaving Landsberg Prison, where he wrote ‚Mein Kampf'.

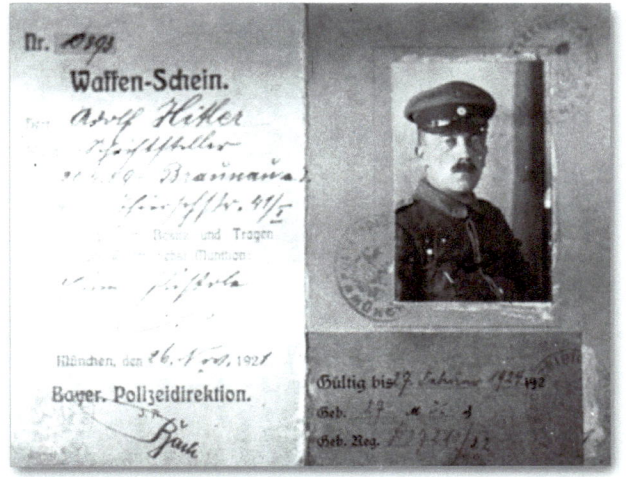

▲ **1923 ritratto fotografico di Ulrich Graf,** egli fu uno dei primissimi membri del circolo più vicino a Hitler. Graf lottatore dilettante e apprendista macellaio, divenne guardia del corpo personale di Hitler negli anni 1920-1923. Nel Putsch di Monaco, durante la marcia di avvicinamento al *Feldhernhalle*, Graf si portò in prima fila, invitando i soldati governativi a non sparare sui dimostranti, facendo loro osservare la presenza nel gruppo di Ludendorff, il generale eroe di guerra tedesco. Ciononostante parti una scarica di fucileria che fece alcuni morti fra gli uomini posti in prima fila. Graf in quell'occasione fece da schermo col suo corpo allo stesso Hitler, ricevendo numerosi colpi di arma da fuoco e salvando cosi la vita al suo leader. Gravemente ferito si rimise solo tempo dopo, e ricevette ringraziamento eterno dal Führer e stima dagli altri gerarchi, ottenendo alti gradi nelle SS fino a divenire *BrigadeFührer*. Graf morirà nel dopoguerra nel marzo del 1950.

1923. Ulrich Graf Ab 1921 war er ständiger Begleiter und persönlicher Leibwächter von Adolf Hitler. Während des Hitler-Ludendorff-Putsches stellte er sich, als am 9. November 1923 der Marsch der Putschisten in München bei der Feldherrnhalle durch die bayerische Bereitschaftspolizei gestoppt wurde, vor Hitler, wurde dabei schwer verwundet und galt seitdem als dessen Lebensretter.

1923. Portrait of Ulrich Graf was one of the earliest members of the circle around Adolf Hitler. Graf was an amateur wrestler and a butcher's apprentice, and became Hitler's personal bodyguard from 1920 to 1923. He was present at the Beer Hall Putsch. During the subsequent march Graf shielded Hitler with his body, received several bullet wounds, and possibly saved Hitler's life. In 1943 he became an SS BrigadeFührer in Himmler's SS. Graf survived the war and died in March 1950.

► **1932 21 giugno. Elezioni presidenziali.** Vinte per la seconda volta dal generale Hindenburg, grande gloria tedesca ed in definitiva ultimo ostacolo per Hitler e la sua conquista del potere, che avverrà infatti solo dopo la morte del grande vecchio.
I partiti si affannarono a evidenziare i punti del loro programma, non cosi per Hitler, il cui programma era già tanto noto che la sua immagine da sola parlava e bastava da sé. Nella foto alcuni giovani volontari delle SA, della regione del Meclemburgo mentre attaccano uno di questi manifesti sul cancello di una fattoria.
1932 21 June Mecklenburg.- Zwei SA Männer bringen am Tor eines Bauernhofs ein Hitler-Plakat anläßlich der bevorstehenden Reichstagswahl an.
1932 June 21. Two Young SA men carry on a farm gate an Hitler poster on the occasion of the forthcoming general election.

► **1933 curiosa posa del neo cancelliere a Berlino** di fronte al picchetto di guardia.
1933 neugierig auf die neue Kanzlerin in Berlin Pose vor dem picket Militär.
1933 curious pose of the new chancellor in Berlin in front of the picket-guard.

▼ **1932 il manifesto ufficiale di Hitler** per le elezioni di quell'anno.
1932 Das Wahlprogramm von Hitler
1932 The election manifest of Hitler

▶ **1932 Agosto. Personaggi famosi visti da dietro!** Non è sempre necessario ritrarre studiati profili e primi piani delle persone famose, anche visti da dietro possono essere interessanti. Sulla sinistra della foto è riconoscibile Rudolph Hess.

1932 Berühmte Persönlichkeiten von hinten gesehen ! Es ist nicht immer Notwendig berühmte Persönlichkeiten nur von vorn zu fotografieren, auch von hinten aufgenommen wirkt sie sehr interessant. Typisch und leicht Erkennbar von hinten, ist der Führer der Nationalsozialisten Adolf Hitler.

1932 Hitler seen from behind; on the left R.Hess.

▼ **1932 Gennaio a Berlino.** Curiosa foto sdoppiata nella quale appare Adolf Hitler che si accinge a pronunciare il suo discorso che avverrà davanti a decine di migliaia di persone, nella Tennis Halle di piazza Fehrbelliner a Berlino. Si riconoscono nell'immagine da sinistra Hermann Göring, Von Shirach e Joseph Goebbels. Tutti quanti in doppia esposizione fantasmagorica e a suo modo significativa.

1932 Januar. Adolf Hitler, der Führer der Nationalsozialisten, spricht vor Zehntausenden, während seiner Rede in der grossen Tennishalle am Fehrbelliner Platz in Berlin. Von links Hermann Göring, daneben Joseph Goebbels

1932 January. Adolf Hitler during his speech in the tennis great hall of Fehrbellinerplatz in Berlin. On the left we may know Göring, Von Schirach and Goebbels.

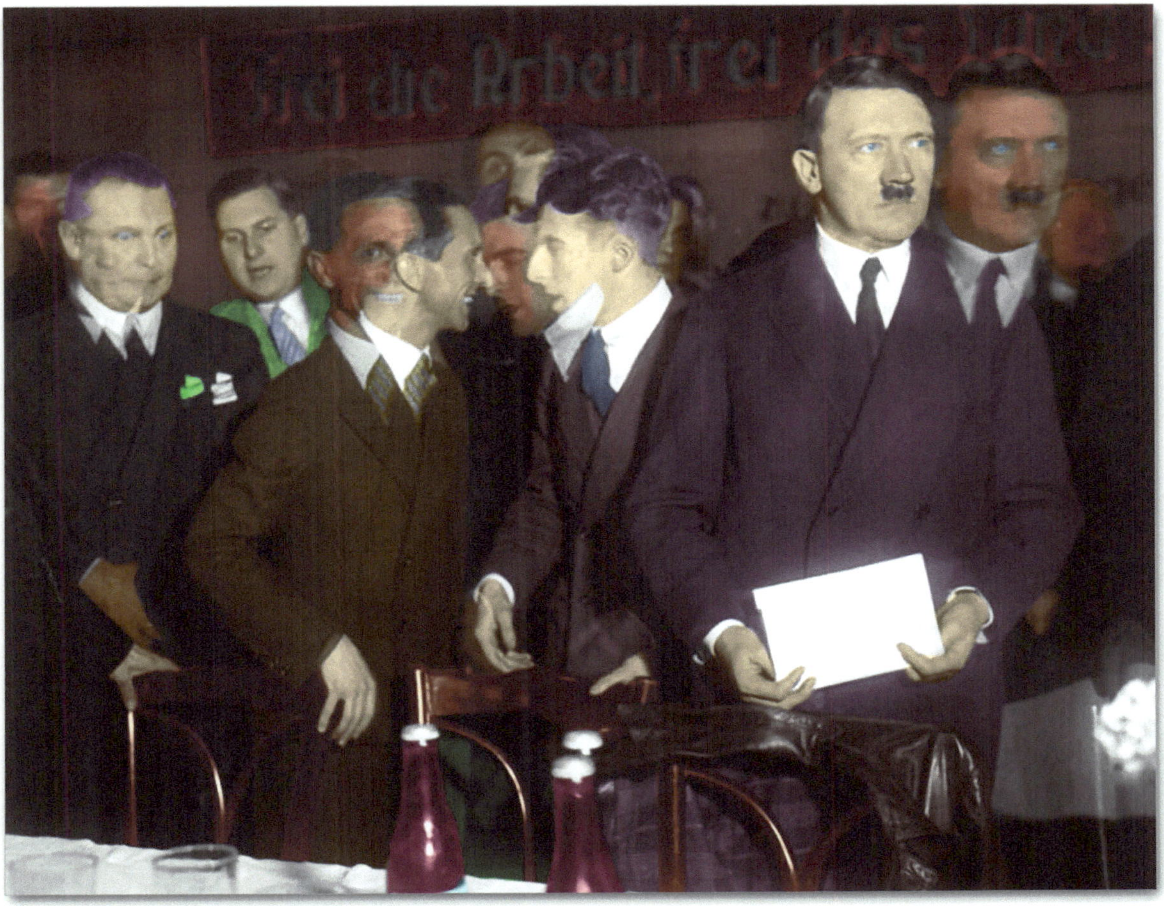

◄ **1923 Curiosa immagine di Hitler con corti pantaloni** di pelle bavaresi. Nei primi di anni di attivismo politico, il futuro Führer non disdegnava di indossare i tipici costumi tradizionali alpini.

1923 Hitler in Shorts Bayerischen

1923 Hitler in Bavarian Shorts

► **1936 Il piccolo borghese Hitler assorto in lettura** in un angolo kitsch, pieno di ninnoli, cuscinetti e soprammobili di dubbio gusto della sua dimora a Obersalzberg.

1936 Obersalzberg, Adolf Hitler beim Lesen im Haus Wachenfeld, 1936.

1936 Obersalzberg, Adolf Hitler while reading in the House Wachenfeld, 1936.

► **1931 Hitler con Anton Franzen.** Anche se la severa foto non fa trasparire molto, l'incontro del Führer con l'allora Ministro dell'Istruzione e dell'Interno dello Stato del Braunschweig Anton Franzen, aveva il principale scopo di sollevare lo stesso dal suo incarico. Dopo lunghi litigi e intrighi politici, Franzen dovette dimettersi a causa di favoritismo verso un compagno di partito: Franz Groh, presidente della fazione locale del NSDAP. Questo fatto innescò una crisi politica interna in Libero Stato, minacciando una rottura della coalizione. A seguito delle dimissioni, Franzen si stabilì a Kiel ad esercitare la sua professione di avvocato e si ritirò dalla vita politica, dal NSDAP e dal Reichstag.

1931 Der nationalsozialistisc hebraunschweigische Innenminister Dr. Franzen in nationalsozialistischer Uniform, welcher von seinem Posten zurückgetreten ist. Nach längeren politischen Querelen und Ränkespielen, musste Franzen aber schon wenige Monate später wegen Begünstigung eines Parteigenossen zurücktreten.

1931 metting with Anton Franzen, the Interior and Education Minister of the Braunschweig Free State and a fellow member of the NSDAP. After long political quarrels and intrigues, however, Franzen had to step down only a few months later owing to favouritism for a fellow party member. Franz Groh, chairman of the NSDAP faction, also had to step down; this triggered an internal political crisis in the Free State, threatening a coalition breakdown.

LE CASE E I BUNKER DI HITLER

I luoghi e le case dove il leader del nazismo prese alloggio nei pochi anni in cui durò la sua tragica avventura, sono uno specchio chiaro del suo mondo e ben ritraggono tutto l'evolversi della sua assurda vicenda fino al suo tragico epilogo. Essi si possono idealmente dividere in tre periodi distinti. Il primo, appartenente agli anni alla ricerca del consenso, può essere definito il periodo degli "appartamenti". Il secondo, nominato del "Berghof", a indicare il potere raggiunto, legato alle bellezze alpine dei paesaggi mozzafiato di Berchtesgaden e della *Kehlsteinhaus,* nelle Alpi bavaresi. Luoghi questi che fecero da contorno ai felici anni della gloria. Infine il periodo finale detto "dei bunker". Dalla tana del lupo a Rastenburg, fino all'ultima residenza di Hitler, quel bunker della cancelleria, dove il dittatore pose fine al resto dei suoi giorni una tragica giornata di primavera del 1945. Erano questi i luoghi del capo del III° Reich, simbolicamente disegnati dall'ardimentoso "nido dell'aquila", altissimo e metaforicamente posto così in alto da simboleggiare il comando sul mondo, fino al lugubre e catacombale antro polveroso del suo ultimo rifugio circondato dai cannoni e dai soldati sovietici.

GLI APPARTAMENTI DI MONACO

Finita la guerra, il disadattato Hitler vagò senza precise mete soprattutto in Baviera e nella sua capitale Monaco. Dopo aver quasi casualmente scoperto di possedere un'oratoria magnetica, quest'uomo, che fino ad allora aveva condotto una vita men che modesta, inizia a coltivare con successo una sfrenata ambizione che gli fornirà negli anni i mezzi per un completo riscatto sociale e personale. Nel 1927, troviamo

il trentottenne Hitler vivere a Monaco in un piccolo appartamento di due sole stanze sito in *Tierschstrasse* 41, in un caseggiato posto lungo l'Isar. Quartiere né centrale, né periferico; una via di mezzo insomma. Il pavimento era ricoperto da spesso linoleum del tipo usato nelle palestre sportive. Poco mobilio e, unico lusso, un paio di tappeti, antico vezzo di Hitler. Attorno al 1930 Hitler lascia questa sua prima casa di Monaco per trasferirsi in un'abitazione più lussuosa: un grande appartamento di nove stanze posto al numero 16 di *Prinzregentstrasse*, una delle vie più eleganti e centrali della città, avuta grazie all'interessamento del ricco editore Hugo Bruckmann.

La casa miracolosamente esiste ancora perché scampò al pesante bombardamento della città che la rase al suolo per tre quarti. La trovò già ammobiliata con un'abbondanza di mobili Biedermeier: tavolini, vetrinette, comodini, pendole, quadri, tappeti e pesanti tendaggi. Uno stile che faceva impazzire Hitler. In questo dedalo di stanze disposto a "L", Hitler occupava una piccola camera con annesso un piccolo bagno. Proprio questa semplice stanza da bagno, alla fine della guerra, verrà "sconsacrata" da Lee Miller, famosa reporter americana della rivista *Vogue* durante il secondo conflitto mondiale. La nota giornalista, giunta con le truppe di occupazione a Monaco nel 1945, si concesse un bagno proprio nella vasca di Hitler nell'appartamento in *Prinzregentenplatz*. E qui vi fu immortalata dal noto fotografo Dave Sherman ! Ma lasciamo la bella Lee nella vasca e torniamo al 1930. Accanto alla stanza di Hitler vi era quella della governante di allora, Annie Winter. Poco oltre le camere della sorellastra Angela Raubal e di sua figlia Geli. In questa dimora Hitler vedeva ed invitava pochissima gente, fra questi il suo segretario Hess ed il suo autista, nonché guardia del corpo Emile Maurice. Le riunioni politiche avvenivano invece nella cosiddetta "Casa Bruna" posta sulla *Breinnestrasse*, vera centrale operativa del nucleo primigenio del partito nazista. Era qui, alla Casa Bruna che Hitler riceveva i suoi collaboratori e sodali in un ufficio posto d'angolo, già in completa tenuta bruna con svastica sul braccio e l'immancabile gadget di allora: un frustino di pelle d'ippopotamo. Oltre agli uomini di partito, vi era anche un grosso viavai di belle signore dell'entourage nazista. Con tutte, indistintamente, Hitler sfoggiava la sua galanteria da vecchio austriaco navigato: regalava ottocenteschi baciamani, fiori, complimenti e le immancabili scatole di cioccolatini…

Una delle ultime cerimonie ufficiali svoltesi nelle case di Monaco fu quella del 31 marzo 1932. In quel giorno venne celebrato un matrimonio molto nazista. Baldur Von Schirach, futuro capo della *Hitlerjugend*, andava sposo ad Henriette Hoffmann, figlia del potente amico e fotografo ufficiale di Hitler, Heinrich Hoffmann. 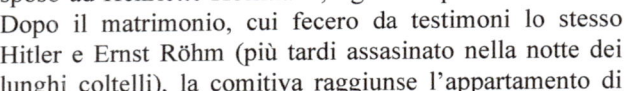 Dopo il matrimonio, cui fecero da testimoni lo stesso Hitler e Ernst Röhm (più tardi assassinato nella notte dei lunghi coltelli), la comitiva raggiunse l'appartamento di

▲1924 Hitler nella comoda "prigionia" di Landsberg mentre legge un giornale. Detenuto a seguito del fallito Putsch di Monaco, Hitler fu condannato a cinque anni di reclusione. Tuttavia, in una sorta di prigione dorata, in cui persino molti dei suoi carcerieri gli si rivolgevano con ossequi, egli vi trascorse solo nove mesi.
1924 Hitler in der gemütlichen „Gefangenschaft" von Landsberg beim Lesen einer Zeitung.
1924 Hitler in the comfortable "captivity" of Landsberg while reading a newspaper.

◄ 2010 Monaco, la casa di Hitler in Prinzregenstrasse 16. Al secondo piano di questo palazzo si trovava l'appartamento in cui si suicidò la nipote del Führer, Geli Raubal. Oggi la casa è occupata da una stazione di polizia.
2010 München, Hitlers Haus in Prinzregenstrasse 16.
2010 Munchen, Hitler house in Prinzregenstrasse 16.

◄ 1924 Landsberg, vista della cella-abitazione di Hitler.
1924 Landsberg unterhaltungsraum Zelle Hitler
1924 Landsberg view of the cell-residence of Hitler.

Hitler in *Prinzregentstrasse* dove venne servito il pranzo di nozze. Sull'albo degli sposi il futuro Führer per primo scrisse parole quanto mai profetiche: "Al cambio di un'epoca ! Adolf Hitler". Pochi mesi prima, il 18 settembre del 1931, quella stessa casa fu invece testimone di un tragico dramma: il presunto suicidio di Geli Raubal, nipote adorata di Hitler.

La ragazza, usando la pistola Walther dello zio, si sparò maldestramente ad un polmone facendo una fine orribile e morendo dopo una lunga agonia durata ore. Si disse che con la stessa rivoltella Hitler si tolse poi la vita nel bunker della cancelleria.

LA REGGIA IN MEZZO ALLE ALPI

Ma la vera Versailles di Hitler ebbe il suo centro a Berchtesgaden, precisamente nella zona di Obersalzberg (la montagna del sale), un villaggio alpestre a 200 chilometri da Monaco, assai prossimo al confine con l'Austria e distante un tiro di schioppo da Salisburgo. Qui, in un luogo ameno e paradisiaco, si trovava una bella casa, denominata villa Wachenfeld. Costruita nel 1916 da un avvocato di Amburgo, tale Winter, alla sua morte venne ereditata dalla vedova. La villa disposta su due piani, a 1.800 metri di altitudine, godeva di una vista stupenda sull'arco delle magnifiche montagne che la circondavano. Nella seconda metà degli anni '20, la vedova Winter l'aveva affittata per qualche centinaio di marchi al mese ad alcuni maggiorenti del partito nazista, e da questi fu offerta a Hitler. Egli, nel 1935-36, grazie a maggiori mezzi di cui disponeva, comprò la casa ribattezzandola Berghof e ne affidò la ristrutturazione all'architetto Roderich Fick di Monaco il quale dovette fare i salti mortali per apportare le necessarie migliorie considerando anche le numerose e non sempre ortodosse scelte e pretese del padrone di casa. Queste infatti dovevano conservare le antiche vestigia rustiche della vecchia casa Wachenfeld ed insieme farle assumere un allure pomposa e solenne che permettesse a Hitler di non sfigurare con nessun ambasciatore o dignitario straniero o tedesco che lo venisse a trovare in questo luogo in mezzo alle Alpi. Contemporaneamente acquistò e fece restaurare la sottostante Haus Bechstein (tutte faccende delle quali in verità si occupò lo zelante segretario Bormann). Questa in un primo tempo fu offerta all'architetto Albert Speer, che con Bormann, Göring, e ovviamente Hitler, divenne il

◄ 1940 uno fra i più assidui *Obersalzberger*, fu il Reich Minister dell'Aviazione Hermann Göring che qui vediamo all'arrivo al Berghof, su una lussuosa Mercedes, simile a quella con cui si farà catturare dagli americani a fine guerra.

1940 Obersalzberg. Hermann Göring steigt, nach einem Besuch auf dem Obersalzberg, in einen Mercedes

1940 Obersalzberg. Hermann Goering rises, after a visit to the Obersalzberg, in a Mercedes

► 1940 Il salone del Berghof, L'angolo delle conversazioni con caminetto in marmo, dono del Duce.

1940 Obersalzberg. Berghof von Adolf Hitler, Große Halle, Sitzgruppe vor dem Kamin.

1940 Obersalzberg. Berghof Adolf Hitler, Great Hall, sitting in front of the fireplace.

quarto *Obersalsberger*. Più tardi Speer preferì costruirsi sempre lì una sua splendida villa con studio poco distante. Villa Bechstein venne quindi riservata, da quel momento in poi, ad ospitare le personalità di rango che si recavano all'Obersalsberg: Mussolini, Chamberlain e Ciano prendendo il nome di casa degli ospiti. Gli "aggiustamenti" effettuati con le premesse dette, provocarono gioco forza non poche contraddizioni architettoniche, presto segnalate (ma mai comunicate al Führer che invece ne era entusiasta) dallo stesso grande architetto del III° Reich, Speer. Questi nelle sue memorie affermò che l'abbozzo del primo restauro del Berghof venne "buttato giù" dallo stesso Hitler. Sfortunatamente, come abbiamo già ricordato, questi vantava capacità artistiche assai discutibili. Speer ricorda anche che, a parte questa impresa, le altre uniche cose completamente disegnate dal Führer furono la bandiera da guerra della marina tedesca ed il guidone di capo di stato da apporre sulle sue Mercedes blindate ! Come buona parte degli artisti autodidatti, Hitler era sempre convinto che la prima idea fosse quella buona, per cui non faceva molti altri schizzi e quel che veniva, con inevitabile scarsa professionalità, doveva per forza andare bene. Ne risultò un Berghof assai poco adatto alle visite di stato. Il seguito (generalmente numeroso) dei grandi ospiti di Hitler dovette sempre accomodarsi in un'angusta e frequentata anticamera. Questa stanza, infatti, era un luogo di passaggio che conduceva alla toilette, alle scale ed infine alla grande sala da pranzo. Inoltre, dato che gli ospiti venivano generalmente alloggiati al piano superiore, la cui scala d'accesso sfociava negli alloggi

di Hitler, questi dovevano farsi dare un permesso per poter uscire dalla stanza, oppure scegliere di rimanere "reclusi". In questa residenza fra i boschi, il vero vanto e orgoglio di Hitler era un'enorme finestra-vetrata posta all'estremità del salone interno; da qui si poteva godere di un panorama mozzafiato. Hitler, nel suo architettare, ebbe la meravigliosa idea d'inserire un grande garage per le sue Mercedes proprio sotto quella grande finestra con la naturale conseguenza che in presenza di un po' di brezza (frequente in montagna), i pesanti effluvi di benzina delle automobili invadevano la sala soprastante, creando non poco imbarazzo agli ospiti convenuti. Insomma un progetto architettonico da bocciatura piena che tuttavia conservava una certa originalità ed un carattere molto personale. Il Führer ne era entusiasta e il Berghof fu sempre la sua residenza prediletta; il luogo ove questi amava trascorrere i propri momenti di svago e di piacere, ma anche dove si svolgevano importanti vertici politici. Non poche decisioni che passarono alla storia vennero prese in questo grande chalet alpino.

Il lussuoso salone prospicente la grande finestra, detto anche "del mappamondo" per via della presenza di un enorme globo ligneo (una costante che troverà posto anche alla cancelleria di Berlino), era arredato sfarzosamente con arazzi e quadri di valore. Mobilio classico, disegnato da Troost, l'architetto che precedette Speer nel cuore di Hitler, fatto di comode poltrone Frau rivestite a grandi disegni floreali. Sulla destra, guardando l'enorme finestra formata da un telaio di ben 90 vetri, trovava posto l'angolo delle conversazioni, ricavato su un falsopiano cui si accedeva salendo un paio di gradini. Non mancavano le tradizionali componenti alpino-bavaresi: cuscini leziosi a forma di cuore ricamati a punto croce, abat-jour, quadretti con cornici di legno grezzo. I fiori, che venivano composti in vasi di varie fogge (giganti, mignon, a grappolo) spiccavano in ogni angolo del salone: del resto Hitler li adorava. Il pavimento era ricoperto di pesanti e rari tappeti. Attigua al salone vi era la sala da pranzo, con un enorme tavolo in legno massiccio per 24 persone. Questo locale era riscaldato da un bel caminetto in piastrelle verdi, dono speciale di Mussolini. Alle pareti di questi due saloni erano appesi numerosi originali arazzi Gobelins con raffigurazioni mitologiche, che potevano essere rimossi per far posto al telo-schermo per i film che Hitler amava farsi proiettare quasi tutte le sere. Il resto della casa era occupato da 14 camere da letto per il padrone di casa e per i suoi ospiti, più i locali di servizio, quelli riservati alla servitù e al personale addetto alla sicurezza del Berghof. Le camere di Hitler ed Eva Braun, situate al primo piano, si raggiungevano attraverso un largo corridoio (ben 5 metri) coperto da uno spesso tappeto alto parecchi cm. Le stanze comunicavano fra loro grazie ad un enorme bagno dotato anche di una

▲ **1936 Adolf Hitler nel suo ufficio al Berghof, seduto sulla sua scrivania**. Alle spalle il ritratto di Federico il Grande.

1936 Adolf Hitler in Zivilkleidung auf Schreibtisch sitzend at Obersalzberg.

1936, Adolf Hitler in civilian clothes sitting on a desk at Obersalzberg.

▶ **1936 Adolf Hitler con Göring, Baldur Von Schirach e Martin Bormann** nei boschi di Obersalzberg. Stride in questa immagine la compunta eleganza di Hitler, (che amava tagli ricercati, ma che smetterà i vestiti borghesi con l'inizio della guerra) e la folcloristica tenuta da cacciatore di Göring, di mole sempre più gigantesca.

1936 Adolf Hitler, Hermann Göring (in Jägerkleidung mit Messer) ,Baldur von Schirach und martin Bormann auf dem Obersalzberg.

1936, Adolf Hitler, Hermann Goering (in hunter clothing with knives), Baldur von Schirach and Martin Bormann on the Obersalzberg.

▶ **1930-40 Hitler a passeggio** nella Alpi bavaresi innevate con elegante vestito di panno e *alpenstock*, bastone da passeggio alpino.

1930 Porträt Adolf Hitler bei Wanderung in verschneiter Landschaft mit Wanderstock.

1930-40 Portrait of Adolf Hitler walking in snowy landscape with a walking stick.

▼ **1939 Obersalzberg, Hitler e Albert Speer** studiano il nuovo progetto dell'Opera di Linz in Austria, in uno studio del Berghof, la residenza estiva del Führer nelle montagne bavaresi. Speer fu uno dei personaggi più interessanti e complessi dell'intera vicenda nazista. Dopo il suo arresto, e già durante gli interrogatori per il processo di Norimberga, Speer ebbe modo di impressionare notevolmente il personale incaricato di verificarne colpe, responsabilità e psicologia. Il noto editorialista e storico tedesco anti nazista Raimund Pretzel nel 1944 così si esprimeva in proposito: *"Albert Speer non è il solito nazista appariscente e ottuso... è molto più del semplice uomo che raggiunge il potere, simboleggia invece un tipo d'uomo che sta assumendo sempre più importanza in tutti i Paesi belligeranti: il tecnico puro, l'abile organizzatore, il giovane brillante uomo senza bagaglio e senza altro scopo che seguire la propria strada, senza altri mezzi che le proprie capacità tecniche e manageriali. Degli Hitler e degli Himmler ce ne sbarazzeremo, ma con gli Speer dovremo fare i conti ancora a lungo... "*

1939 Obersalzberg, Albert Speer, Adolf Hitler. Der Führer mit Prof. Albert Speer (Architekt und Reichsminister für Rüstung und Kriegsproduktion) auf dem Obersalzberg (Berghof) bei der Besprechung von Plänen für das neue Opernhaus in Linz.

1939 Hitler and Albert Speer at Obersalzberg looking at a plan for the new Opera of Linz.

◄ **1939 la bandierina-guidone della nera Mercedes ufficiale del Führer.** Essa fu espressamente disegnata da Hitler, così come anche la bandiera da guerra della marina militare.

1939 wurde die Flagge-Wimpel des schwarzen Mercedes offiziellen Führer ausdrücklich von Hitler entworfen.

1939, the flag-pennant of black official Mercedes of Führer was specifically designed by Hitler.

► **1938 Relax sul famoso terrazzo del Berghof** con Hitler che legge alcuni giornali, e Hermann Göring che si gode il paesaggio. Una coppia di questa immagine conservata alla libreria di stato bavarese rimanda l'immagine all'agosto del 1933. Ma crediamo che la data suggerita dal Bundesarchiv, sia più corretta.

1938 Ein Urlaubstag des Kanzlers in seinem Hause auf dem Obersalzberg bei Berchtesgaden. Hermann Göring und Adolf Hitler (lesend) auf Terrasse sitzend.

1938 A vacation in the chancellor's home on the Obersalzberg near Berchtesgaden. Hermann Goering and Adolf Hitler (reading) sitting on the terrace.

lussuosa vasca da bagno in marmo nero (altro regalo di Mussolini, fornito insieme a tutto il marmo di Carrara usato nella villa). Le stanze personali del Führer erano inoltre notevolmente più grandi e spaziose di tutte le altre stanze della residenza. Le camere riservate agli ospiti, situate nell'ultimo piano della villa, avevano tutte quante "l'altarino" ufficiale con il ritratto del leader nazista. A tutti coloro che avevano l'onore di essere ricevuti al Berghof veniva infine consegnato uno speciale promemoria di rigide norme comportamentali alle quali attenersi, queste recitavano:

1- E' proibito fumare fuori dalla propria camera.
2- E' proibito parlare alla servitù e farsi latore di lettere o pacchi.
3- Parlando al Führer o del Führer si deve usare sempre quest'appellativo e non altri o usare l'espressione "Herr Hitler".
4- E' proibito agli ospiti abusare dei cosmetici e si fa divieto formale alle signore di tingersi le unghie.
5- Gli invitati devono presentarsi a tavola due minuti dopo il suono del gong. Nessuno deve alzarsi o sedere prima che lo faccia il Führer.
6- Nessuno può rimanere in camera allorché in essa entra il Führer.
7- Gli invitati devono ritirarsi nelle loro camere alle ore 23, a meno che il Führer li preghi espressamente di rimanere.
8- Gli invitati devono rimanere nell'ala della casa loro assegnata. È proibito entrare nei locali di servizio, nel quartiere degli ufficiali SS o nell'ufficio della polizia politica.
9- Dopo aver lasciato Berchtesgaden, è formalmente proibito riferire a stranieri o estranei le parole che possono esser state dette dal Führer. Ogni infrazione consistente nel dare informazioni sulla vita privata del Führer sarà punita con le pene più severe.

Insomma, come vedete, severe direttive monacali che rendevano la permanenza al Berghof assai claustrofobica. Occorre dire che questo "calvario" veniva evitato ai super ospiti, come Mussolini,

Ciano, capi di stato ecc. Questi venivano infatti ospitati nella sottostante ex villa Bechstein, rimodellata allo scopo. Lo stesso Speer sosteneva che, in verità, almeno fra la cerchia degli accoliti di Hitler ospitati al Berghof, vi fosse meno rigore di quello dettato dal regolamento appena descritto. Altre incongruenze tipiche della "reggia" dell'Obersalsberg erano legate al mondo dell'arte e a quelle dell'occulto. Della prima, curiosa, per non dire paradossale, era la presenza alle pareti grigie della casa di alcuni quadri di arte moderna, quella già considerata degenerata dalla mistica del regime. Davanti ad esse Hitler amava a volte soffermarsi con fare interrogativo e critico. In questo non fu il solo: altri gerarchi, su tutti Göring, fecero incetta di capolavori di artisti degenerati. Sull'astrologia e l'occulto, altra passione "formalizzata" dal nazismo, pare vi fosse un intero scaffale di libri sull'argomento nell'annessa biblioteca al secondo piano (dove trovava posto anche un piccolo giardino d'inverno). La vulgata popolare voleva che il Führer ne fosse un forte appassionato e, alla maniera di Wallenstein, grande divoratore di questi oscuri tomi inerenti al tenebroso mondo della magia. È interessante a questo punto riferire cosa ebbe da dire Speer nelle sue memorie in proposito. Citando la medesima passione vissuta (con maggior coerenza e trasporto) da Himmler, egli diceva : *" I miti oscuri ventilati da Himmler sono un'assurdità! Il nostro tempo ha ormai lasciato dietro di sé ogni mistica, e quello lì (Himmler) vorrebbe ricominciare da capo... Mi si può immaginare in veste di santo delle SS ? Mi ci vede, lei ? Io mi rivolterei nella tomba!"*. Fuori e attorno al Berghof sorsero tutte le ville degli altri *Obersalzberger*. Vero direttore e scenografo di questo teatro fu il segretario del Führer, Martin Bormann. Padrone assoluto, con dispotismo e rudezza, costrinse tutti gli abitanti del borgo a cedere via via le loro proprietà. Ribattezzò la zona *Fuherergebiet* : spazio del Führer. Cinse tutta la zona di filo spinato e pose sentinelle armate in ogni dove; fece costruire persino un casermone speciale per le SS a forma di ferro di cavallo. Una speciale fattoria e un'enorme serra (*Gewächshaus*) infine fornivano tutto ciò che la residenza richiedeva: latte, burro e verdure fresche. A partire dall'estate del 1944, tutta la zona dell'Obersalzberg fu avvolta da nebbie artificiali, create allo scopo di preservare la struttura del Berghof dai bombardamenti alleati. Furono costruite moltissime postazioni antiaeree e bunker lunghissimi che potevano permettere fughe sul lato opposto della montagna. Uno di questi esiste ancora ed è sotto i locali del Gasthof Die Turken, che ancor oggi continua il suo compito di albergo alpino. Ricordiamo che all'epoca era stato sequestrato agli antichi proprietari per divenire il posto di Guardia

delle SS addette alla sicurezza di Hitler. L'Obersalzberg pareva a tutti il luogo più adatto, con il grande Reich ormai prossimo alla distruzione, ad ospitare Hitler ed il suo stato maggiore, per una resistenza estrema ma, questo progetto, com'è noto, non ebbe luogo per il desiderio del Führer di rimanere a Berlino fino alla morte. Il Berghof venne infine pesantemente bombardato il 25 aprile 1945 da centinaia di bombardieri inglesi. Tuttavia gran parte della struttura resse anche a queste bombe ed i ruderi della villa si poterono ammirare fino al 1952. Poi le autorità locali, o gli americani (ancora oggi la questione di chi prese la decisione non è chiara), decisero di far saltare in aria ciò che restava del Berghof. Probabilmente si voleva in questo modo impedire che quel posto insieme oscuro e da favola, potesse divenire meta di nostalgici pellegrinaggi. Scomparve in questa modo netto e definitivo il luogo più caro ad Hitler, il suo angolo di paradiso, posto nella magica cornice delle alpi bavaresi. Stessa sorte subirono, molti anni dopo, anche quasi tutte le ville degli altri gerarchi, la casina del tè (Teehaus), vecchio padiglione da caccia fatto di 4 locali e un boudoir posto di fronte al Berghof. Molto recentemente anche la casa Bechstein usata per gli ospiti illustri. Ora, a quasi settant'anni di distanza, resiste solo l'albergo Die Turken, i bunker sottostanti, la casa e lo studio di Speer e poco altro delle antiche vestigia del faraone del III° Reich !!

LA KEHLSTEINHAUS : IL NIDO DELL'AQUILA

Esiste invece ancora nella sua interezza e svolge attività di ristorante, pizzeria e *gasthof* (quando la stagione lo consente) la *Kehlsteinhaus*, il famoso "nido dell'aquila", ardita residenza alpina posta a 2.000 metri sulla cima del Kehlstein a strapiombo sul Berghof. Questa ardita costruzione fu regalata al Führer in occasione del suo cinquantesimo compleanno, da Martin Bormann, che ne curò la costruzione (tra il 1936 e il 1938 fra mille difficoltà ma con 1.001 risorse). Per Bormann la costruzione della nuova residenza alpina rappresentava l'ennesima occasione per mettersi in mostra agli occhi di Hitler. Spese una cifra notevole per gli anni, ben 30 milioni di marchi, avvalendosi per la sua costruzione dell'organizzazione Todt e di centinaia di operai (soprattutto italiani, mandati dal Duce), sfruttati senza scrupoli e con pochi riguardi. Raggiungibile ancora oggi con un'ardita strada di ben sette chilometri che porta fino ad una grande spiazzo. Da lì si accede ad un tunnel di 150 metri scavato nelle viscere della montagna. Quindi ci si trovava davanti ad un avveniristico ascensore lussuoso, tutto ottoni lucenti, dotato di moderno impianto di aerazione, telefono e poltrona rossa per il capo (oggi sono state tolte la poltrona e il piano inferiore dell'ascensore, usato per le merci). Con questo, in rapida risalita di quasi altri 150 metri, si sbuca direttamente dentro il rifugio posto sul tetto delle Alpi. Tuttavia, vuoi per il fatto che l'aria rarefatta dei 2.000 metri lo infastidiva, vuoi perché il Führer non fu (per un errore da parte di Bormann) coinvolto nelle scelte architettoniche della sua ideazione, egli non amò mai questo posto, preferendogli di gran lunga il suo adorato Berghof. Il risultato fu che Hitler snobbò palesemente la nuova residenza, visitandola assai raramente. Una descrizione assai dettagliata del nido dell'aquila ci proviene dalle memorie dell'ambasciatore francese François Poncet, che fu fra l'altro colui che primo affibbiò il nome con cui la *Kehlsteinhaus* sarebbe poi entrata nella storia: *"La strada terminava all'ingresso di un tunnel che portava all'interno della montagna. L'ingresso era chiuso da due massicce porte di bronzo. Al termine del tunnel, da una sala rotonda, entrai in un ascensore spazioso e rivestito di lucidi pannelli di ottone. Arrivai in un edificio tozzo e massiccio dove c'era un portico con colonne romane ed accanto una sala con un'enorme vetrata semicircolare. Giganteschi tronchi di legno bruciavano nel grande camino e c'era un tavolo circolare con una trentina di sedie. La vista panoramica delle montagne assomigliava a quella visibile da un aereo. Lì in fondo giaceva Salisburgo che assomigliava ad un anfiteatro. Villaggi a perdita d'occhio corollavano l'orizzonte*

◄ **1933 Berchtesgaden, il *Berghof* all'Obersalzberg**, la casa fra le Alpi di Adolf Hitler vista dalla guardiola della entrata principale.
Nel riquadro lo stesso angolo come appare oggi. E' ancora ben visibile il supporto della guardiola.
1933 Berchtesgaden "Der Berghof" auf dem Obersalzberg, das Haus des Führers (rechts oben). Im Vordergrund die Haupteinfahrt.
1933 Berchtesgaden "The Berghof" on the Obersalzberg, the house of the leader (top right). In the foreground, the main entrance.

◄ Il nido dell'aquila, non colpito dai bombardamenti alleati, si è perfettamente conservato nelle sue forme originali è oggi un rifugio-ristorante.
Die Kehlsteinhaus. The Kehlsteinhaus

►**1939 Berlino, una veduta a volo d'uccello della progettata capitale del Reich**. Il faraonico studio in scala realizzato da Albert Speer con precise indicazioni fornite dallo stesso Hitler.
1939 Berlin, Modell zur Neugestaltung nach den Plänen von Speer ("Welthauptstadt Germania").
1939 Berlin, model for the redesign of the plans of Von Speer ("World Capital Germania").

▲ **1939 Berlino il prestigioso ufficio di Hitler** nella nuova cancelleria progettata da Albert Speer.

1939 Berlin, Neue Reichskanzlei, Arbeitszimmer Hitlers.

1939 Berlin, New Reich Chancellery, Hitler's study.

▶ **1939 Modello di gesso della grande cupola, della sala dei popoli,** sempre ideata da Albert Speer per la grande Berlino che avrebbe dovuto chiamarsi Germania.

1939 Gipsmodell der "Großen Halle" ("Ruhmeshalle" / "Halle des Volkes") von Albert Speer in der Reichshauptstadt Berlin (Planung für die "Welthauptstadt Germania")

1939 plaster model of the "Great Hall" ("Hall of Fame" / "Hall of the People") by Albert Speer in the capital of Berlin (planning for the "World Capital Germania").

◀▶ **1939 Berlino, la nuova cancelleria la sala del consiglio** dei ministri del Reich (a destra) e l'ufficio del segretariato (a sinistra)

1939 Berlin, Neue Reichskanzlei, Reichskabinettsaal und Sekretariat.

1939 Berlin, New Reich Chancellery, Secretariat and Cabinet Room.

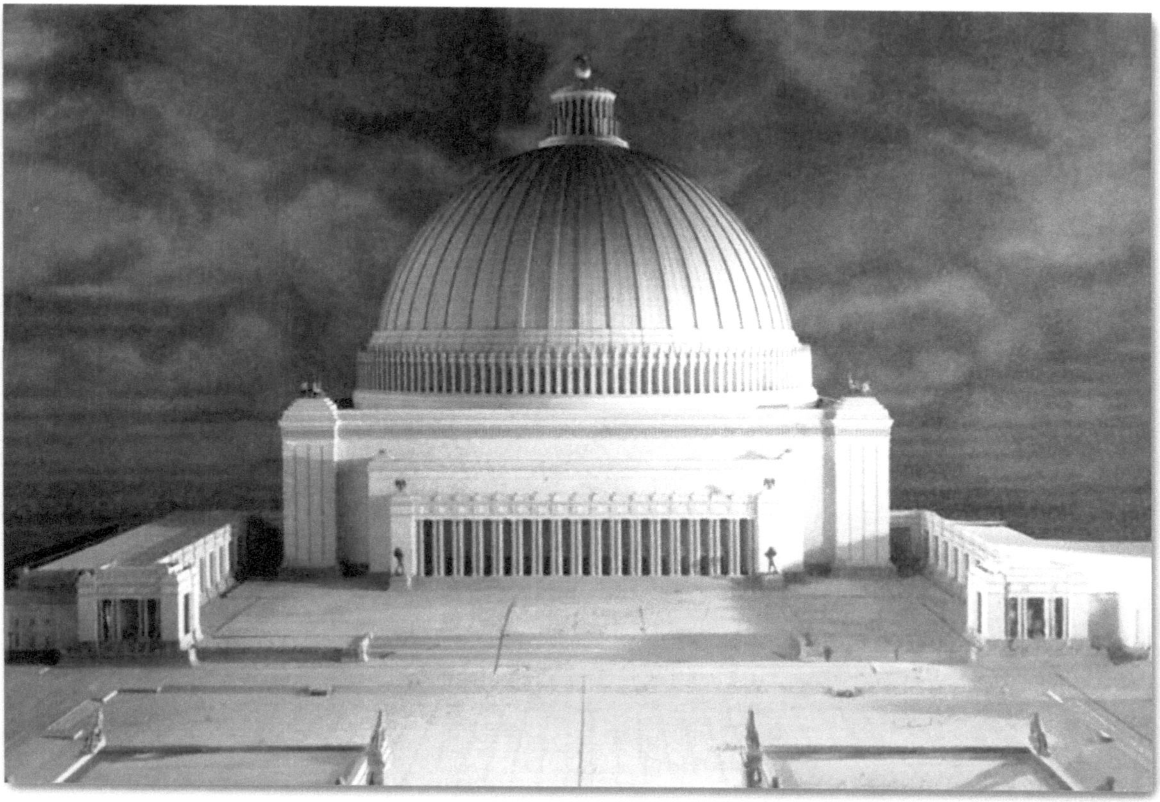

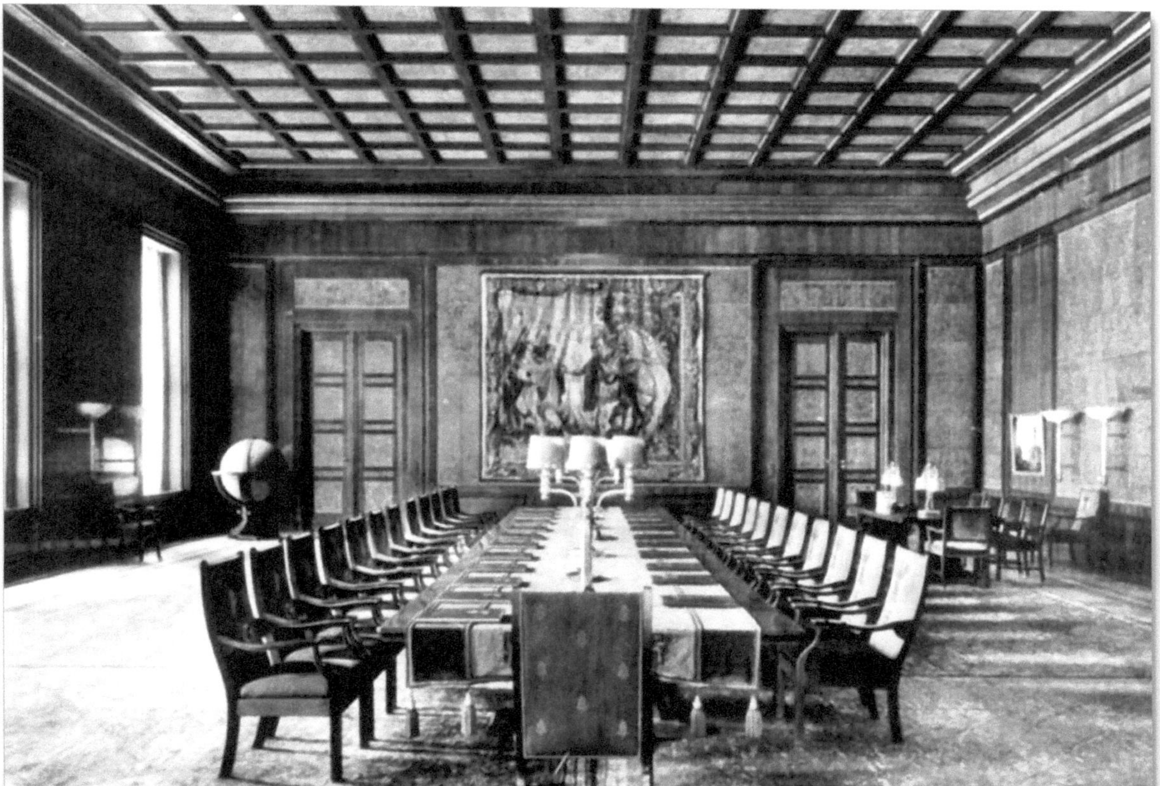

fra monti e boschi. La casa di Hitler mi dava l'impressione di essere un edificio costruito fra le nuvole".
L'ultima visita di Hitler sul nido dell'aquila risale al giugno 1944 quando vi fu organizzato il matrimonio fra Gretl Braun, sorella di Eva, col generale delle SS Hermann Fegelein. Questi, poco dopo essere divenuto cognato di Hitler, venne dallo stesso fatto fucilare per una presunta fuga dal bunker della cancelleria durante gli ultimi giorni del III° Reich. A differenza del Berghof, il "nido dell'aquila" di Hitler, fu risparmiato dalla distruzione ed ancora oggi può essere visitato, in tutta la sua bellezza, come triste testimone dell' oscuro mondo della svastica.

WOLFSSCHANZE (LA TANA DEL LUPO) IL QUARTIER GENERALE DI RASTENBURG

Luogo tetro, oscuro e spettrale, situato nel cuore della foresta di Goerlitz (ora Gierloz), presso Rastenburg (l'attuale polacca Ketrzyn), nella Prussia orientale. La tana del lupo fu il quartier generale di Adolf Hitler sul fronte orientale durante la seconda guerra mondiale, dal 24 giugno 1941, all'inizio dell'operazione Barbarossa, fino al 20 novembre 1944. La *Wolfsschanze* fu costruita espressamente per condurvi la guerra contro l'Unione Sovietica e la scelta cadde su quel posto non solo per la prossimità col confine russo, ma anche per la sua perfetta mimetizzazione nella natura di boschi, laghi e paludi e non ultima per il richiamo storico alle grandi vicende storiche legate ai laghi Masuri e alla battaglia di Tannenberg. Ad una prima superficiale occhiata, il quartier generale di Rastenburg, era caratterizzato da un'innumerevole scelta di casupole e capanne lignee. In realtà nascondeva un intricato dedalo di sofisticati e robusti bunker in cemento armato (molte decine) a prova di qualsiasi bomba. Era collegato ad un vicino aeroporto e ad una piccola stazione ferroviaria, per permettere rapidi collegamenti con la Germania e, in particolare, con Berlino. Il Führer si trasferì in questo luogo in pianta stabile fino a che non fu costretto a sloggiarvi a causa dell'inesorabile avanzata dell'armata rossa. Per tutto questo tempo Hitler trascorse le sue giornate tra una riunione militare e l'altra, dalla mattina fino a notte inoltrata. Le caratteristiche funeree del sito lo fecero definire da parecchi testimoni oculari una via di mezzo tra un monastero e un campo di concentramento. Lontano dai fasti della nuova cancelleria di Berlino, o dai panorami mozzafiato dell'Obersalzberg, con la

▲ **1990 Immagini odierne di ciò che resta di uno dei bunker della tana del lupo (Wolfsschanze)** a Rastenburg oggi Kętrzyn, in Polonia (all'epoca Prussia Orientale). Questa fu il quartier generale di Adolf Hitler sul fronte orientale durante la seconda guerra mondiale, dal 24 giugno 1941, due giorni dopo l'aggressione all'Unione Sovietica, fino al 20 novembre 1944.

1990 Ruine des Hitlerbunkers in der Wolfsschanze.

1990 Remains of the Hitler largest bunker at Wolfsschanze (Rastenburg).

◄ **Mappa di tutti i quartier generali di Hitler nei 12 anni in cui durò il suo Reich.** Il Berghof, la Cancelleria e la Wolfsschanze furono certamente i più importanti.

Führerhauptquartier (FHQ) ist die allgemeine Bezeichnung für eine Befehlsstelle Adolf Hitlers als Oberbefehlshaber der Wehrmacht während des Zweiten Weltkrieges.

Map of Adolf Hitler's Headquarters (Führer Headquarters) in Europe 1933-1945.

guerra ormai quasi irrimediabilmente persa, la depressione di Hitler si fece sempre più cupa. Viveva come seppellito vivo a Rastenburg, luogo dall'aria insalubre, inviso dai vertici nazisti a causa delle pesanti costrizioni belliche che si riflettevano anche sul rancio e sul carattere spartano dei suoi alloggi ed arredi. Persino gli alloggi personali del Führer erano poca cosa: bui, scuri e umidi, siti nelle profonde cavità dei bunker più spessi, come le tombe dei faraoni nelle piramidi. Sui comodini poche cose: il ritratto della madre Klara, alcune foto di Eva Braun ed una di Greta Garbo. Hitler, come un moderno Rasputin, a volte spariva solo e silente col suo cane in passeggiate fra i boschi, controllato a distanza dalle fedeli SS che svolgevano servizio di guardia al perimetro militare. Fu proprio in questo luogo che, il 20 luglio del 1944 avvenne il più efficace, ma non risolutivo degli attentati subiti dal Führer, quello organizzato ed eseguito dal colonnello Claus Stauffenberg. Durante la celebre riunione tenuta quel giorno nella baracca di legno, la *Lagebaracke*, il Führer sfuggì miracolosamente all'esplosione del plastico nascosto nella borsa di Stauffenberg. La scampata morte del dittatore, allungò probabilmente di diversi mesi la durata del conflitto già segnato per la Germania nazista. Ma per Hitler il calvario non era affatto terminato con quell'attentato, e fu costretto ancora a trasferirsi da un bunker all'altro. Stava, infatti, per spostare definitivamente la sua residenza al bunker della cancelleria, dove ormai l'ex signore incontrastato della Germania e dell'Europa, trascorrerà, sotto terra fra la polvere, il freddo e l'umidità, le ultime drammatiche fasi della sua vita. Dopo essere stata abbandonata dal Führer, la "tana del lupo" sopravvisse fino all'inizio del 1945, quando i genieri della Wermacht procedettero alla sua distruzione per evitare che cadesse in mano all'armata rossa.

IL BUNKER DELLA CANCELLERIA

Fu costruito esattamente sotto ai locali della nuova cancelleria e vi si poteva accedere scendendo scale che portavano 20 metri in profondità nelle viscere della terra. Questo bunker venne iniziato a partire dal 1943, in concomitanza coi primi bombardamenti degli alleati sulla capitale del Reich. Il grosso apparato difensivo venne pronto alla fine del 1944 ed il Führer vi si trasferì all'inizio del 1945, dopo essere stato costretto ad abbandonare il quartier generale di Rastenburg. Come tutti i bunker, specialmente quelli sottoposti a bombardamenti, anche questo della cancelleria era un luogo malsano, umido e buio, dagli arredamenti semplici ed estremamente umili (più tardi vi furono però trasferiti i migliori mobili della cancelleria), nel quale si perdeva rapidamente il senso della realtà. Fu pertanto la giusta dimora per un Führer ormai alla fine, distrutto, malato nel fisico e nel morale. Dopo l'attentato del 20 luglio, infatti, Hitler si allontanò ancora di più da una realtà che non voleva accettare. Il bunker della cancelleria era stato costruito su due piani, collegati da una scala ad angolo retto di 13 scalini. Al piano superiore (*Vorbunker*) trovavano posto gli alloggi di servizio, delle guardie, le cucine, le stanze per gli ospiti (la famiglia Goebbels); una ventina di locali in tutto. Nella parte inferiore (*Führerbunker*), più sicura e protetta dalle bombe sovietiche, vi erano invece una ventina di locali utilizzati da Hitler e dagli altri gerarchi del partito, posti su un corridoio lungo 17 metri e largo 3. Sulla sinistra arrivando dal piano superiore erano i locali di Hitler e di Eva Braun. Nella camera da letto del Führer si potevano osservare l'immancabile quadro ritraente Federico il Grande e sul comodino la foto della madre Klara. Sulla destra vi erano invece gli alloggi assegnati agli uffici di Goebbels, l'ufficio di Bormann e quelle del medico di Hitler. Qui in questo luogo assurdo, vennero vissuti gli ultimi giorni di Hitler in una esistenza allucinante, appesantita da drammatiche riunioni coi suoi attoniti e increduli generali, a spostare divisioni ormai inesistenti su polverose mappe militari, alternando monologhi interminabili e sconclusionati, ma anche feroci, condotti fino allo sfinimento dei presenti. Frequenti ed inevitabili i momenti di sconforto vissuti fino al suo epilogo del primo pomeriggio del 30 aprile del 1945, quando venne celebrato l'ultimo drammatico atto di una delle storie più inspiegabili ed assurde della storia moderna. Alle 15,30 del pomeriggio, dopo essere scesi

▲ **1947 Finita la guerra, questo è ciò che rimase dell'esterno del bunker della cancelleria**. Nell'annesso giardino furono bruciati i corpi di Hitler, di Eva Braun e dei loro cani.
1947 Berlin. Der sogenannte "Führerbunker" im Garten der im II. Weltkrieg zerstörten Reichskanzlei. Links der Eingang, in der Mitte der Bombenunterstand für die Wache.
1947 Berlin. The so-called "Hitler's bunker" in the garden of destroyed Reich Chancellery. Links to the entrance, in the middle of the bomb shelter for the guard.

◀ **1938, 7 aprile il Führer inaugura la nuova autostrada austro-tedesca** a Walser Berg vicino Salisburgo. Dietro di lui il Dottor Todt, capo della omonima organizzazione. Hitler ebbe sempre una grande passione per l'architettura e le costruzioni
1938 Der Führer beim ersten Spatenstich zur ersten Autobahn Österreichs am Walser Berg bei Salzburg. Hinter ihm der Generalinspekteur für das deutsche Straßenwesen Dr. Todt.
1938, the Führer inaugurating the new Austro-German highway at Walser Berg near Salzburg. Behind him Dr. Todt, leader of organization with the same name.

nei propri alloggi, accompagnati dal fido attendente Heinz Linge o da Otto Günsche, Adolf Hitler ed Eva Braun, che aveva sposato solo la sera prima, si chiusero nel salottino che precedeva la camera da letto del Fhurer e si tolsero la vita. Ancora non è chiaro se col veleno o con un colpo di pistola, o con entrambi i mezzi. I testimoni entrati a raccogliere i cadaveri dei due notarono a terra due pistole Walther. Una, probabilmente quella usata da Hitler, pare fosse la stessa con la quale si tolse la vita, anni prima, la nipote di Hitler, Geli Raubal. Il primo maggio fu la volta del dramma della famiglia Goebbels. Il fanatico ministro della propaganda e sua moglie Magda, gran vestale del nazismo, decisero di seguire la sorte del loro Führer. Prima avvelenarono i sei giovanissimi figli con altrettante fiale di cianuro; subito dopo si uccisero a loro volta. Prima di morire Magda scrisse una lettera al suo primo figlio, Harald Quandt avuto da un precedente matrimonio, di cui non aveva più notizie da tempo e che, prigioniero degli americani, sopravvisse alla guerra mondiale. Il giovane, dopo la guerra, diverrà padrone di un impero industriale che faceva capo alla BMW e alla Damler-Benz. Appassionato di volo (fu tenete della Lutwaffe durante la guerra), sopravvisse ad un primo pauroso incidente aereo, ma però in un secondo volo col suo velivolo che si schiantò vicino a Cuneo nel 1967, riunendo in un tragico e fatale destino di morti drammatiche l'intera famiglia di Magda Goebbels. Il famigerato bunker della cancelleria, nel periodo post-bellico, venne murato dai sovietici per evitare ogni forma di speculazione nostalgica come già per il Berghof. Quando nel 1995 la zona ritornò sotto controllo completamente tedesco, durante i lavori di costruzione della nuova cancelleria, fecero nuovamente capolino i resti sepolti di questo allucinante e oscuro spettro di un passato scomodo per la Germania.

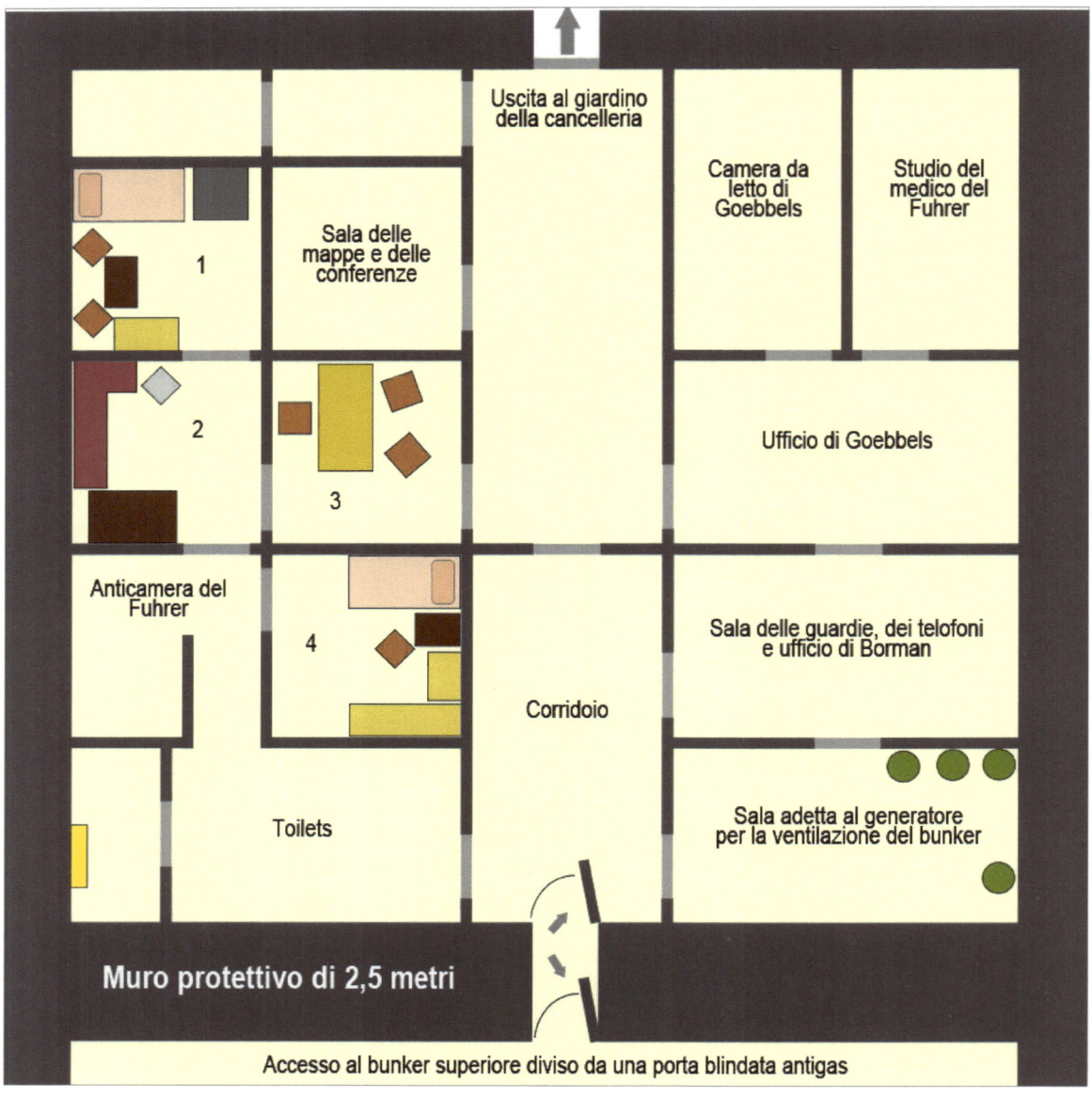

▲ **1945 Il piano inferiore del Bunker della Cancelleria,** dove si trovavano gli alloggi riservati al Führer e ad Eva Braun. 1: Camera da letto di Hitler, al nr. 2 il suo salotto privato e al 3 il suo ufficio. Il nr. 4 indica la camera da letto della Braun. Il Fuehrerbunker, venne costruito fra il 1936 e il 1943, si trovava 8-12 metri sotto il giardino della cancelleria. Il Führerbunker era situato più in profondità rispetto al Vorbunker rispetto al quale era collegato tramite una rampa di scale ad angolo retto. L'intero complesso era protetto da pareti di calcestruzzo spesse fino a 4 metri, e dotato di circa trenta piccole stanze, che per la fine del febbraio 1945 erano state ammobiliate con mobili di pregio, prelevati dalla Cancelleria, insieme a molti quadri ad olio. Hitler si trasferì nel Führerbunker il 16 gennaio 1945, con Martin Bormann, Eva Braun, Joseph Goebbels e consorte insieme con i loro sei figli, che trovarono posto nei piani superiori del Vorbunker. Il bunker venne inoltre occupato da due o tre dozzine di persone, tra questi anche la segretaria di Hitler, Traudl Junge, un'infermiera, Erna Flegel e un telefonista, Rochus Misch.

1945 Als Führerbunker bezeichnet man den Komplex der unterirdischen Luftschutzräume in Berlin, der Adolf Hitler in den letzten Wochen des nationalsozialistischen Regimes in Deutschland als Führerhauptquartier diente und in dem er Suizid beging. 1 Schlafraum Adolf Hitlers, 2 Privates Gästezimmer Adolf Hitlers, 3 Arbeitszimmer Adolf Hitlers, 4 Schlafraum Eva Braun.

*1945 **The Führerbunker** was an air-raid shelter located near the Reich Chancellery in Berlin, Germany. It was part of a subterranean bunker complex which was constructed in two major phases, one part in 1936 and the other in 1943. It was the last of the Führer Headquarters (Führerhauptquartiere) to be used by the Nazi dictator Adolf Hitler. Legend: 1 Hitler bedroom, 2 his sitting room, 3 Hitler's office, 4 Eva Braun's bedroom.*

HITLER IL CIBO E LA DIETA

Hitler era spesso ospite di gerarchi, compagni di partito e sodali. A questo proposito era uso lasciare un vademecum di istruzioni in merito alla sua particolare e improrogabile dieta per le eventuali future visite. Egli scriveva: *"Mangio tutto ciò che la natura spontaneamente produce: frutta, verdura e vegetali vari. Non fatemi trovare alimenti animali o che gli animali non producano naturalmente. Quindi dagli animali solo le uova !"*.

Detto questo, è bene chiarire che il Führer si concedeva, in realtà, delle deroghe alla sua dieta vegetariana. Assumeva carne con moderazione apprezzando alcuni piatti tipici della sua terra: wurstel e salsicce bavaresi, piccioni farciti e budini di fegato. Era, infatti, approdato ad una scelta nutrizionale quasi vegetariana dopo che negli anni giovanili aveva verificato che la carne gli procurava disturbi digestivi ed occasionali dolori di stomaco, che a loro volta erano la causa di eccessiva flatulenza e sudorazioni incontrollate. Le prime notizie che ci informano circa la sua attenzione ad evitare disturbi allo stomaco risalgono al 1911, quando ancora viveva disagiatamente a Vienna. Così scriveva ad un amico: *"..Mi fa piacere portarti a conoscenza che, tutto sommato, mi sento già bene .... Era solo un problema di digestione e sto*

▼ **1929 Curiosa immagine di un pic-nic veloce sul cofano della automobile** usata per la campagna propagandistica del partito. Dietro Hitler (estrema destra) si riconosce Rudolph Hess. Notare il caratteristico modo di mangiare di Hitler che si avvicinava col viso al boccone anziché portarlo con la mano.

1929 neugierig Bild eines schnellen Picknick auf der Motorhaube des Autos für die Propaganda-Kampagne der Partei eingesetzt.

1929 curious image of a quick picnic on the hood of the car used for the propaganda campaign of the party.

cercando di curarmi con una dieta a base di frutta e verdura".

Hitler scelse questi alimenti anche per la grande paura di contrarre il cancro, che aveva già ucciso sua madre in età ancor giovane e credeva, con qualche ragione, che il mangiar carne e l'inquinamento lo favorissero. Fra le eccezioni alla sua alimentazione naturista abbiamo ricordato i piccioni farciti. Questo piatto lo ricorda bene la cuoca Dione Lucas che lavorava come chef in un albergo di Amburgo prima della guerra, la quale disse che Hitler ne andava ghiotto, tanto da considerarlo il suo piatto preferito. *"Non voglio rovinarvi l'appetito per i piccioncini farciti (piccoli di piccione di circa quattro settimane)"*, scrisse nel suo ricettario best-sellers, *"ma vi potrebbe interessare sapere che era uno dei grandi piatti preferiti del Signor Hitler, che spesso cenava nel mio albergo. Su, non prendiamocela ora con quella che era e rimane un'ottima ricetta"*.

Tuttavia la buona tavola del Führer fu sempre assai frugale. In uno dei suoi ricordi Bormann lasciò scritto che una volta si sentì dire da Hitler: *".. in merito alla mia vita privata, posso assicurare che vivrò sempre molto semplicemente"*. Questo era soprattutto vero rispetto all'alimentazione: spartana, semplice e quasi povera, da dieta dimagrante. Ma vediamo una giornata tipo passata nella calma del Berghof. Hitler, che usualmente faceva le ore piccole, si ritirava verso le 3 o le 4 del mattino. Di conseguenza si alzava assai tardi, non prima delle 11 ed iniziava la giornata con una colazione a base di latte tiepido (due tazze) insaporito con del cacao e allietato da qualche biscotto.

Poi sfogliava giornali, presiedeva la prima riunione della giornata e verso l'una raggiungeva la sala da pranzo insieme agli ospiti (che ovviamente dovevano adeguarsi ad orari, gusti e abitudini del padrone di casa). A tal proposito ricordiamo che il punto 5 dello speciale vademecum fornito a tutti gli ospiti del Führer diceva testualmente: "Gli invitati devono presentarsi a tavola *due minuti* dopo il suono del gong. Nessuno si deve sedere o alzare prima che lo faccia il Führer".

Hitler allora esordiva con tutta una serie di galanterie e baciamani riservate alle signore al seguito, interrogandole su come avevano passato la notte e facendo a tutte la stessa domanda che più o meno suonava così: *"Allora, tutto bene ?"*. Un altro suo vezzo consisteva nell'iniziare un ragionamento con le parole: *" I casi sono due"*, oppure *"Delle due l'una"*. Lo faceva talmente spesso che la cuoca, le segretarie ed Eva Braun a volte lo prendevano in giro bonariamente rivolgendogli le stesse frasi cui aggiungevano finali ironici. Hitler stava al gioco e si divertiva.

Al lungo tavolo, ben apparecchiato con posate in argento (secondo altri testimoni queste erano addirittura d'oro, un regalo delle mogli dei *Gauleiter* locali si diceva) con gli ideogrammi del partito e le sue iniziali, Hitler sedeva sempre fra due donne: a destra Eva, a sinistra a rotazione, una delle signore presenti. Gli aperitivi non erano di moda e comunque non si usavano né al Berghof, né nelle altre residenze del dittatore. Le posate accompagnavano preziose stoviglie di porcellana Rosenthal o di Boemia. Ogni ospite trovava al proprio posto il menù della giornata, scritto su carta filigranata con tanto di svastica cinta d'alloro sottoposta ad una severa aquila.

Le varie portate ben si presterebbero ad un convento ed erano semplici e poco elaborate; nulla a che vedere con le tavolate da abbuffata del re di Baviera Ludwig Wittelsbach !

Il più consueto di questi menù prevedeva: insalata per antipasto, minestra che era la solita *graupensuppe* (zuppa d'orzo), carne o wurstel con crauti (per gli ospiti), formaggi o frutta e dolci. Il tutto annaffiato da birra tedesca assai leggera, acqua minerale e vini del Reno o *champagne* tedeschi per le feste (banditi i vini francesi o italiani, che invece facevano parte della buona cambusa del buongustaio Göring che ne confiscò montagne ! Hitler invece non voleva che i soldi tedeschi andassero ad altri che non fossero vignaioli del Reno, Mosella o Tirolo). Hitler divenne vegetariano quasi totale negli ultimi 15 anni della sua vita. In questo periodo, oltre alle poche licenze alimentari già indicate, egli mangiava carne soltanto attraverso un tipico piatto bavarese, il *Leberknodel*, ovvero un budino di fegato. Di questa pietanza andava ghiotto, così come era molto goloso dei dolci viennesi: *Sacher-Torte* preparate con cura dalla sua cuoca Manzialy.

Ed ancora adorava i cioccolatini e le immancabili caramelle di cui aveva perennemente le tasche piene. Pare le ingoiasse rapidamente e quasi di nascosto. Il suo piatto preferito al Berghof era uno strambo miscuglio di patate cotte al forno condite con formaggio fuso e olio di lino, oppure un'elaborata minestra con cipolle, patate, rape, sedano, prezzemolo una "grattatina" di noce moscata e farina. Nei giorni di festa non disdegnava caviale e champagne. Beveva acqua e al massimo birra con bassissimo tasso alcolico. Se raffreddato, si concedeva un

▲ **1938 l'occupazione dei Sudeti da parte nazista ebbe luogo dal primo al 7 Ottobre 1938.** L'immagine mostra la pausa pranzo dello staff di Hitler Adolf Hitler durante il viaggio sulla strada per Eger (oggi Cheb in Boemia) da destra si riconoscono: Wilhelm Keitel, Konrad Henlein, il generale Walter von Reichenau, il ReichsFührer delle SS Heinrich Himmler e il generale Heinz Guderian. Curiosamente pare che nessuno degli astanti (tranne tutti i militari sullo sfondo!) osservi il Führer che in effetti mostra un'aria assente. I suoi generali paiono invece molto intenti ad assaporare (e commentare) la zuppa calda !

1938 3 oktober Adolf Hitler auf der Fahrt nach dem durch deutsche Truppen besetzten Eger bei einer Imbiss-Pause auf der Straße zwischen Franzensbad und Eger .Von rechts: General Wilhelm Keitel, Konrad Henlein, Adolf Hitler, General Walter von Reichenau, ReichsFührer-SS Heinrich Himmler und General Heinz Guderian.

1938 3 October Adolf Hitler on the way to the occupied Sudetes lands, in a a lunch-break on the road between Franzensbad and Eger. From the right. General Wilhelm Keitel, Konrad Henlein, Adolf Hitler, General Walter von Reichenau, ReichsFührer-SS Heinrich Himmler and General Heinz Guderian.

► **Le posate d'argento di Hitler** in uso al Berghof con il simbolo dell'aquila nazista e le iniziali del Führer.

Das Silberbesteck Hitlers Berghof mit dem Nazi-Adler-Symbol und den Initialen des Führers.

The silver cutlery Hitler's Berghof with the Nazi eagle symbol and the initials of the Führer.

sorsetto di cognac. Pranzato in fretta, mai più di un'ora, l'allegra compagnia tempo permettendo, si concedeva una passeggiata. La cena veniva servita rigorosamente alle 20.00, a base di carni fredde, insaccati, verdure e formaggi. Hitler la sera si concedeva un'altra sua "prelibatezza": l'*hoppel-poppel*. Si trattava di patate spezzettate e fritte nell'uovo. Gli piacevano anche i maccheroni al pomodoro, spesso provenienti da riserve regalategli dall'amico Mussolini. Nelle feste più importanti, come a Capodanno, dopo cena si partecipava alla "cerimonia del piombo" alla quale Hitler accettava di partecipare. Si tratta di versare del piombo fuso in un catino d'acqua e dalle strambe forme ottenute dal repentino raffreddamento del metallo si traevano indicazioni per prevedere il futuro. Col peggioramento della guerra le giornate del Berghof divennero presto un triste ricordo.

Trasferitosi nel super corazzato bunker di Rastenburg nella Prussia orientale, Hitler e la sua accolita vissero in modo molto spartano e da caserma. La sala da pranzo nella *Wolfsschanze* (tana del lupo) semplice ed intonacata di un grigio malinconico poteva ospitare una ventina di persone. Il menù di guerra consisteva nella solita zuppa di cavoli e formaggio fresco accompagnata dalla giusta misura di 20 grammi di pane per commensale (come da regolamento fissato per il razionamento. Si doveva dare il buon esempio!). Da bere la solita birra leggerissima. Con l'avvicinarsi degli ultimi giorni del bunker della cancelleria, Hitler diradò sempre più l'abitudine di pranzare con tanta gente, riducendo i commensali alle sole segretarie e spesso mangiando solo. Curioso, da parte di chi lo osservava, era anche il modo di stare a tavola da parte di Hitler. Seduto a mezza sedia in avanti, tutto ricurvo, avvicinava il viso alla posata tenuta dalla mano destra con l'avambraccio poggiato sul tavolo; la mano sinistra sempre sotto al tavolo, come un avventore di mense della carità. Del resto cibandosi prevalentemente di budini e zuppe non aveva un gran bisogno del coltello.
Una volta ingerito il cibo, pareva che Hitler tenesse in bocca un uovo che faceva girare in modo teatrale al suo interno. Questo tuttavia era dovuto ad una sua malformazione mascellare che lo costrinse a ricorrere ad un delicato intervento chirurgico.

Insomma Hitler non stava a tavola come un damerino e non rispettava il galateo di un vero ufficiale prussiano. Per finire pranzi e cene venivano serviti chili di frutta secca adorata dal Führer che non rinunciava mai al caffè. Non la nera brodaglia tedesca, di preferenza quello viennese assai vicino all'espresso all'italiana. Hitler si faceva fino a sedici tazzine al giorno, sempre con due o tre cucchiaini di zucchero !!
Nonostante la sua scelta nutrizionale, Hitler non ebbe alcuna simpatia per i movimenti e la causa vegetariana in Germania, che anzi venne perseguita al pari di tutte le altre associazioni libere.
L'ideale nazionalsocialista infatti non voleva alcun concorrente in merito a qualsivoglia materia etica o scientifica che fosse. Durante la guerra, la Germania nazista bandì tutte le organizzazioni vegetariane nei territori da essa occupati, così come aveva fatto in patria, anche se questo stile alimentare avrebbe potuto alleviare la carestia del tempo di guerra.
Secondo nuove teorie, inoltre, pare che il regime alimentare morigerato e povero di Hitler sia una "favola" ideata ad arte dagli esperti di marketing dell'epoca.

A questo proposito lo storico e biografo di Hitler, Robert Payne, afferma che tale credenza sia soprattutto opera del Ministro della Propaganda, Joseph Goebbels: *"L'ascetismo di Hitler giocò un ruolo importante sull'immagine di sé che proiettava sull'intera Germania. Secondo la leggenda, a cui molti diedero e danno credito, Hitler non fumava, non beveva, né mangiava carne, né aveva niente a che fare con le donne. Solo la prima cosa era vera. Beveva spesso birra e vino diluito, aveva una speciale passione per le salsicce bavaresi, e aveva un'amante, Eva Braun, che viveva tranquillamente con lui al Berghof. Ebbe anche altre storie discrete. Il suo ascetismo era un'invenzione di Goebbels per enfatizzare la sua totale dedizione alla Germania, il suo autocontrollo, la distanza che lo separava dagli altri uomini. Con questa dimostrazione plateale di ascetismo, poteva rivendicare di essere completamente dedito al servizio del suo popolo."*
Hitler però era un uomo e come tale aveva dei limiti, pregi e difetti come tutti; era *"notevolmente indulgente con se stesso e non possedeva alcuno degli istinti degli asceti"*, scrive ancora Payne.

▲ **1934 aprile. Il cancelliere Adolf Hitler (estrema destra) con il capo della Marina ammiraglio Erich Reader**, imbarcati a bordo della corazzata " *Deutschland* ". Fu in quest'occasione che i massimi dirigenti delle forze armate, "chiesero" a Hitler di risolvere in maniera definitiva la questione delle pesanti ingerenze delle SA e del suo capo Ernst Röhm. In pratica è qui che si decise la notte dei lunghi coltelli.

1934 April den Führer (ganz rechts) mit dem Chef der Marineleitung Admiral Erich Raeder, an Bord der "Deutschland".

April 1934 the Führer (far right) with the chief of the German Navy Admiral Erich Raeder, on boardto the "Deutschland".

◄ **1933 30 gennaio: storica giornata a Berlino.** Il presidente del Reich, Maresciallo von Hindenburg ha appena nominato Cancelliere del Reich Adolf Hitler. La vettura con il neo-cancelliere del Reich esce alle ore 12.40 in punto dalla sede della Cancelleria in Wilhelmstrasse.

1933 30 Januar 1933 in Berlin. Adolf Hitler wurde vom Reichspräsidenten von Hindenburg zum Reichskanzler ernannt. Das Auto mit dem Reichskanzler Adolf Hitler, verläßt um 12 Uhr 40 von der jubelnden Menschenmenge begrüßt, die Reichskanzlei dem damaligen Sitz des Reichspräsidenten in der Wilhelmstrasse.

30 January 1933 historic day in Berlin. The car with the neo-Chancellor of the Reich Adolf Hitler to 12.40 pm come out from the gate of the Chancellery in Wilhelmstrasse.

HITLER IL SESSO E LE DONNE

E' sempre arduo e complesso parlare dei comportamenti sessuali, sia di quelli che rientrano nella normalità, che degli altri, più o meno originali. Sicuramente pensare ad Hitler come uomo ed ai suoi desideri più intimi, origina una serie di curiosità che s'accostano perfettamente alla sua personalità complessa e contraddittoria. Alcuni sostengono fosse addirittura omosessuale; altri confermano che abbia avuto più di una relazione con rappresentanti importanti del gentil sesso. Note sono, ad esempio, le sue relazioni con alcune donne di rango della Germania nazista ed il suo affetto ambiguo per una nipote, Geli Raubal, figlia della sua sorellastra. Il problema reale sta spesso nella tradizionale consuetudine di voler "screditare" il nemico facendogli indossare abiti ed abitudini sessuali più o meno infamanti e distanti da quelle consuete, tali da renderne vulnerabile l'immagine davanti alle masse. Questo è capitato a parecchi uomini famosi come Lenin e Castro, indicati a volte come omosessuali. Fortunatamente la ricerca storica si basa su dati certi e ben distingue tra questi e le "chiacchiere". Certo è che durante il nazismo gli omosessuali vennero pesantemente perseguiti, furono vere vittime del sistema, spesso internati nei

▼ **1942 14 giugno, Hitler ed Eva Braun al Berghof insieme ai loro fidati cani** (Blondi e Stasi o Negus)

1942 14. Juni, Obersalzberg- Adolf Hitler und Eva Braun mit Hunden (Schäferhund "Blondi"?) auf dem Berghof.

14 June 1942, Hitler and Eva Braun at the Berghof with their trusty dog (Blondi and Negus or Stasi)

◄ **Quale fotomontaggio migliore di questo fra la Gioconda e Hitler** per divagare fra realtà e leggenda in merito alla ambigua sessualità di Hitler su cui si dibattono da sempre gli storici e i biografi.

Was ist besser als dieser Montage aus der Mona Lisa und Hitler auf dem zweideutigen Sexualität von Hitler abschweifen

What better than this montage from the Mona Lisa and Hitler to digress on the ambiguous sexuality of Hitler.

◀ **1931 ritratto di Geli Raubal,** la nipote di Hitler con la quale egli ebbe una relazione tormentata e ancora poco chiarita. Vicenda che terminò tragicamente con il suicidio della giovane nella casa monachese dello zio. Questa immagine è relativa ad un quadro che Hitler conservava al Berghof, e che fu commissionato al suo pittore "ufficiale" Adolf Ziegler.

1931 Geli Raubal war die Nichte Adolf Hitlers, die Tochter seiner Halbschwester Angela Raubal. Zahlreiche Spekulationen kreisen um die Frage, ob Raubal Hitlers Geliebte war. Die persönliche Bedeutung der Geli Raubal für ihren Onkel wird nicht geklärt werden können.

1931 Geli Raubal was Adolf Hitler's half-niece. She was the second child of Hitler's half-sister, Angela Raubal. Raubal was close to her uncle from 1925 until her suicide in 1931.

▶ **1931 un'altra immagine della nipote di Hitler,** in posa accanto ad una elegante automobile probabilmente dello zio, al tempo in cui la ragazza ebbe un infatuazione per l'autista del Führer, Emil Maurice.

1931 ein weiteres Bild der Neffe des Hitler neben einem eleganten Auto.

1931 another image of the nephew of Hitler near to an elegant car.

Lager, dai quali pochi ritornarono. Sulla vita sessuale del Führer è tuttora mistero fitto.
Si disserte ancora della sua presunta omosessualità o, addirittura, di una vera e propria deviazione sessuale. Il tardivo matrimonio, preceduto però da un lungo fidanzamento, pare agire contro questa ipotesi; tuttavia si hanno seri dubbi sul fatto che con la fidanzata storica abbia mai consumato.
A rafforzare la tesi sulla presunta omosessualità, sta l'alto numero di suoi collaboratori che certamente o molto probabilmente avevano questa preferenza. Tra questi Ernst Röhm, fondatore e capo assoluto delle S.A. e con lui buona parte dello stato maggiore delle stesse squadre, almeno fino alla notte dei lunghi coltelli, avvenuta il 30 giugno 1934, quando per ordine dello stesso Hitler vennero quasi tutti eliminati. Si pensa lo fosse Walter Funk, ministro dell'Economia del Terzo Reich; Hans Franck già avvocato di Hitler; Rudolph Hess il suo segretario e delfino; Baldur Von Scirach capo della gioventù hitleriana. Dubbi anche su Göring e Heydrich. Hitler stesso aveva dormito mesi interi in dormitori per soli uomini a Vienna, in cui di certo l'omosessualità potrebbe essere stata pratica diffusa.
L'omosessualità del leaders nazisti, tuttavia, affiorava soprattutto nei momenti di contrasto e di lotta per il potere, in un tourbillon che relegava le vittime della diceria in condizione di essere ricattabili.
Clamoroso fu il caso del generale Werner Von Fritsch, comandante in capo dell'esercito tedesco, che accusato falsamente di omosessualità da parte della cupola delle SS, fu costretto a cedere la sua carica a Walther Von Brauchitsch.
Ma le donne piacevano a Hitler ? In realtà pare di sì. Troppi gli episodi che in tal senso farebbero propendere per una risposta positiva. Il Führer era sicuramente interessato alle donne e amava la compagnia femminile; era deliziato dalla loro presenza e le corteggiava con stile da vecchio gentiluomo asburgico, proponendosi spesso come cicerone e guida per mostrare le opere d'arte delle sue residenze o anche solo per civettare e raccontare barzellette (in questo ricorda uomini politici più vicini a noi).

I suoi biografi gli assegnano diverse fidanzatine di gioventù di cui ci rimangono spesso solo i nomi, come una ragazzina di nome Stefania, prima infatuazione del giovane Adolf. Dopo i drammatici anni della grande guerra ebbe alcune storie con giovani donne bavaresi, tra cui Jenny Haug, Erna Hanfstaengl e Maria (Mimi) Reiter di Berchtesgaden che nel 1927 tentò persino di impiccarsi per essere stata abbandonata da Hitler. Con un'altra donna, la francese Charlotte Eudoxie Lobjoie si disse che ebbe addirittura una figlia, nata nel 1918, chiamata Jean Marie Loret. E' comunque determinate ricordare il nazi-pensiero in merito alle donne, espresso da Hitler in un discorso tenuto al congresso del partito nel 1934: *"Le donne tedesche vogliono prima di tutto essere mogli e madri, non vogliono essere compagne, come invece si sforzano di far loro credere i rossi spacciatori di felicità. Non hanno nessuna nostalgia della fabbrica, nessuna dell'ufficio e nessuna nostalgia del parlamento. A loro sta molto più a cuore il focolare domestico, un marito da amare e una nidiata di bambini felici!"*.

GELI RAUBAL

I rapporti di frequentazione fra Geli Raubal, figlia della sua sorellastra Angela Raubal, e suo zio Adolf, iniziano nel 1924 quando Geli ha 15 anni e Hitler trentacinquenne è nominato suo tutore. Inizia da questo momento una costante vicinanza fra i due che paiono inseparabili. Hitler porta con sé sua nipote ovunque: alle riunioni di partito, alle gite al lago, in visita a musei, in giro per negozi.
Nel 1927, Rudolph Hess comunica a Hitler che la nipote si è innamorata dell'aitante Emil Maurice (cofondatore delle SS nonché autista e amico di Hitler, uno dei pochissimi autorizzati a dargli del tu). Per Hitler è un duro colpo: anche lui è innamorato della nipote, ma non può mostrarlo apertamente. Essendone il tutore, e poiché Geli è ancora minorenne, il fatto è fuori questione. Hitler reagisce, minaccia la nipote e licenzia il vecchio amico (che richiamerà tuttavia più tardi, quando la nipote non ci sarà più). Nell'ottobre 1929, Hitler va a vivere nel suo nuovo appartamento di Prinzregentenplatz con la sorella e la nipote. A Monaco Geli non parla più di "*Maurizl*" (come Hitler chiamava cordialmente il suo amico autista), manifesta la voglia di diventare cantante lirica e lo zio finanzia i suoi studi.

Hitler, Geli e sua madre sono inseparabili. Le due donne accompagnano il Führer anche all'Obersalzberg, dove ha recentemente scovato una bella casa alpina: il futuro Berghof.
Hitler convince la sua sorellastra Angela Raubal ad accettare il ruolo di governante della villetta. Questo incarico però non durò a lungo, vista la tendenza padronale della sorella nel gestire le faccende domestiche, cosa che infastidiva il futuro Führer e il resto del personale di servizio.
Gli anni passano e il 14 settembre 1930, Adolf Hitler eletto al Reichstag, diventa sempre più un importante uomo politico.
Il rapporto tra lo zio e l'avvenente giovane nipote finisce sotto la lente di ingrandimento.
Nascono le prime ipotesi di rapporti anomali e morbosi, in parte pubblicizzate ad arte da nemici politici interni al partito di Hitler.

Georg Strasser, in particolare, suo rivale politico, lo diffamò con questi argomenti. Anche alcuni dubbi disegni fatti dallo stesso Hitler, raffiguranti (con scarso senso estetico ed artistico del resto) la nipote in tutta la sua nudità, paiono dare conferma alle voci che circolano in merito a questo strano rapporto. Sono citate anche alcune confessioni fatte dalla giovane Geli ad amiche e conoscenti, in cui la ragazza narra di cose terribili che lo zio si aspetta da lei. Goebbels, che teneva un diario giornaliero sul quale segnava tutto ciò che vedeva o sentiva, annotava la seguente conversazione avuta con il Gauleiter Kaufmann: " *Racconta cose pazzesche sul capo (Hitler). Su di lui, sua nipote Geli e Maurice...*". Ed ancora è sempre il ministro della propaganda che scrive: "*C'è il Capo con la sua bella nipote, di lei ci si potrebbe quasi innamorare. Oro del Reno con lui*". La governante Anni Winter sosteneva invece che il rapporto di Hitler con la nipote fosse una sorta di amore paterno. Uno che probabilmente

▶ **1936 20 aprile. La regista Leni Riefenstahl ebbe un certo ascendente su Hitler**, tuttavia non è documentata nessuna liason fra I due. Qui la vediamo operativa sul set relativo al film Olympia.

1936 20. april Leni Riefenstahl mit einem Kameramann des Olympiafilms bei der Arbeit Scherl-Bilderdienst-Olympiafilm

20. 1936 April Leni Riefenstahl with a cameraman at the work of the film for Olympic game.

▼ **1920 la stella del cinema di Berlino Lil Dagover.** Durante il Terzo reich la Dagover evitò prese di posizione politiche preferendo sempre interpretare commedie leggere e film musicali. In ogni caso nel 1943 fu premiata con la Croce di Guerra per aver intrattenuto le truppe della Wehrmacht sul fronte orientale e quelle di stanza sulle isole della Manica occupate di Jersey e Guernsey l'anno successivo. Si sa che Lil fu una delle attrici preferite di Hitler e che fu sua ospite a cena in diverse occasioni. Celebre la sua interpretazione nel film cult, "il gabinetto del dottor Caligaris".

1920 Lil Dagover war eine deutsche Bühnen- und Film-Schauspielerin. Obwohl die Nationalsozialisten sie hofierten, tat sie sich politisch nicht hervor. 1937 wurde ihr der Titel Staatsschauspielerin verliehen, und 1944 erhielt sie für ihren Einsatz bei der Truppenbetreuung und ihre Auftritte in Fronttheatern das Kriegsverdienstkreuz.

1920 Lil Dagover was a German star, film and television actress. While Dagover's films of the period were decidedly apolitical, she was known to be one of Adolf Hitler's favorite film actresses and Dagover is known to have been a dinner guest of Hitler on several occasions.

la sapeva lunga, lo stesso Maurice, molti anni dopo la guerra, nel corso di un'intervista nel 1963, dichiarò: *"La amava, ma era un amore strano, inconfessabile !"*. Comunque tutto finì il 19 settembre del 1931, quando Hitler, in viaggio verso Bayreuth, venne raggiunto da un taxista trafelato che gli portò la terribile notizia: l'amata nipote era rimasta vittima di una disgrazia. Ufficialmente Geli si uccise il giorno prima, sparandosi maldestramente al polmone con la Walther calibro 6,55 dello zio. Subito fiorirono illazioni su questa strana morte avvenuta dopo una lunga agonia, perpetrate com'è ovvio in primo luogo dagli avversari del nazismo.

Il giornale di sinistra Munchner Post scrisse: *"Affare misterioso: suicidio della nipote di Hitler !"*. Sia quel che sia Hitler non poteva essere stato ed il suo alibi era di ferro: mancava da almeno un giorno dalla capitale bavarese. Si ipotizzò allora l'ingerenza di Himmler e delle SS, al fine di togliere di mezzo un problema che stava diventando fastidioso attorno alla figura del leader. Ma prove non furono mai raccolte, né si seppe nulla di più preciso circa i motivi che spinsero la giovane ragazza a togliersi la vita. Si disse che Geli avesse avuto un violento litigio con lo zio il giorno prima. La ragazza desiderava fare la cantante e lo zio osteggiava questa scelta, ma anche in questo caso non si hanno conferme precise. Questo fu molto probabilmente uno dei pochi crimini che vengono attribuiti al Führer a torto.

Hitler negli anni che gli restarono da vivere ricordò sempre con estrema commozione la morte di Geli. Ogni anno si recava personalmente a rendere un tributo ai poveri resti della nipote. Durante i dodici anni della dittatura nazista, con la compiacenza di Hitler, aleggiò sempre un alone di sacralità e mistero intorno alla figura di Geli Raubal, proprio come fosse stato un amore spezzato. Il dittatore non si riebbe mai da questo colpo e, come sostennero i più vicini collaboratori, pare meditasse lui stesso un atto estremo. Göring, in particolare, interrogato a Norimberga, riferì che la morte della nipote segnò profondamente Hitler, lasciandogli ferite tali da mutare per sempre il suo modo di relazionarsi con gli altri. La stanza di Geli nell'appartamento di Monaco venne lasciata esattamente nello stesso stato in cui apparve il giorno del suicidio, una sorta di tempio di culto. Hitler commissionò un ritratto della ragazza ad Adolf Ziegler, il suo pittore prediletto, ed il quadro venne portato sia a Obersalsberg, nella stanza dello zio, che nella cancelleria del Reich. Secondo molti storici e biografi, a prescindere dal tipo di rapporto, Angelika Raubal detta Geli, sarebbe stata, insieme a sua madre Klara, la donna più importante nella vita di Adolf Hitler.

EVA BRAUN

Eva Anna Paula Braun nasce a Monaco il 6 febbraio 1912, secondogenita dell'insegnante Friedrich Braun e di Franziska Kronberger. Eva ha due sorelle: la maggiore si chiamava Ilse, e Margarete, detta Gretl, la più piccola. La sua famiglia appartiene alla piccola borghesia e gode di un certo agio. Eva è una ragazza carina, bionda, occhi azzurri dotata di un fascino esitante e riservato; si veste con civetteria e dubbia eleganza; ha un carattere sognatore ed ottimista. Conobbe Hitler grazie al suo impiego presso l'atelier fotografico di Heinrich Hoffmann, avvenuto nel settembre 1929.

Hoffmann era già da alcuni anni fotografo ufficiale del partito, nonché amico personale di Hitler. Ed è in questo atelier che i due futuri amanti s'incontrano per la prima volta. Hitler ha ben 23 anni più della giovane assistente di Hoffmann. Il corteggiamento avviene secondo i canoni usuali dell'austriaco: galanterie, regali, baciamani, complimenti gentili. Eva capitolò presto e s'innamorò perdutamente di Hitler. Il padre della ragazza, nazista non fanatico, era assai contrario a questa relazione fra la sua giovane figlia e il più anziano Hitler, ma, ovviamente, il suo parere ebbe un peso trascurabile. Abbiamo la testimonianza della stessa Eva sul loro primo incontro: *"Ero rimasta in negozio dopo la chiusura per sistemare alcune carte, stavo sulla cima di una scala. [...] Improvvisamente entrò il capo con un distinto signore di una certa età, con dei buffi baffetti, un impermeabile chiaro in stile inglese e in mano un gran cappello di feltro. [...] Cercai di gettare loro un'occhiata senza girarmi e mi accorsi che quell'uomo mi stava guardando le gambe. [...] Scesi e Hoffmann fece le presentazioni: Signor Wolf (lo pseudonimo di Hitler), le presento la nostra brava piccola signorina Braun, che ora andrà alla trattoria all'angolo a prenderci un po' di birra e della carne trita."*.

All'inizio si trattò solo di una storia platonica, e i genitori, al contrario delle sorelle, non seppero nulla per molto tempo. Vi furono gite in campagna, uscite in trattoria, sempre corollate da un corteggiamento galante durato almeno fino al 1932. Da quest'anno la relazione divenne stabile, e in qualche modo ufficiale, ma non troppo. Contrariamente al pensiero comune, la stessa Eva lascia supporre vi sia stata anche consumazione: *"..se sapesse che storia ha questo sofà"* disse commentando insieme a sua sorella l'immagine fotografica di Sir Chamberlain ospite nell'appartamento di Hitler.

La Braun fu durante tutti i dodici anni di regime nazista l'amante di Hitler. Un'amante segreta però, tenuta nascosta ai più. E fino alle fatidiche giornate del bunker della cancelleria, erano assai pochi coloro che sapevano della sua esistenza. Eva tuttavia non coinvolse Hitler alla maniera della nipote Geli essendo riservata e non invadente per sua natura. Del resto il Führer ebbe modo di dire: *"Gli uomini molto intelligenti devono*

◄ **1938 Il Gauleiter e capo del sindacato nazista Robert Ley, accanto alla moglie Inge**, affascinante e bellissima. Innamorata platonicamente di Hitler, Inge apparve in numerose foto vicino al Führer, scattate da Hugo Jaeger.
Nel dicembre del 1942, stanca e depressa, pare a seguito di una violenta lite col marito ubriaco, la donna si tolse la vita sparandosi un colpo in testa. Il marito processato a Norimberga nel 1946, accusato di crimini di guerra si sottrarrà all'impiccagione (unico insieme a Göring) suicidandosi in cella.

1938 Robert Ley Leiter der Deutschen Arbeitsfront 1933 bis 1945 und seine Frau, den faszinierenden Inge.

1938 Robert Ley head of the German Labour Front from 1933 to 1945 and his wife, the fascinanting Inge.

prendersi una donna primitiva e stupida. Cosa succederebbe se avessi la disgrazia di avere una moglie ficcanaso ? Nel tempo libero voglio essere lasciato in pace… non credo proprio che mi possa mai sposare !".
Con un uomo così determinato, per non dire di peggio, serviva una donna paziente e accomodante, ed Eva lo era o lo divenne. Azzera la sua personalità, si adegua, ma soffre.
Soprattutto è gelosa di tutte le donne che, con qualche interesse o ambizione, girano attorno al suo Adolf.
Il 1° novembre del 1932 tenta un primo suicidio: si spara un colpo alla gola con stoico coraggio, ma si salva. Hitler allarmato è costretto a preoccuparsene, visita subito la poverina in ospedale e, colpito da tanto ardore e fedeltà (stessi sentimenti che provò per i suoi fidi cani pastori tedeschi), ne fu lusingato. Il tutto venne fatto passare per un increscioso incidente. L'uomo da allora trascorse più tempo vicino a Eva, spesso insieme al Berghof, dove poteva meglio tenerla sotto controllo.
Nonostante fosse l'amante di Hitler, i pensieri e le considerazioni di Eva non avevano alcun peso nell'entourage del dittatore. Era Martin Bormann il vero direttore d'orchestra a Obersalzberg e Eva doveva sottostare in

▶ **1932 30 novembre. Hitler vola sulla Germania !** Iniziata nel 1932, la campagna elettorale di Hitler, pubblicizzata con lo slogan "Hitler sulla Germania" fu un grande successo e garantì una sicura presa su un numero sempre più crescente di elettori tedeschi. La gente vedeva atterrare l'enorme Junkers grigio di Hitler nei vari aeroporti della nazione e accorreva ad ascoltare la "voce di tuono" già carica di una magnetica e segreta capacità di guida. Qui lo vediamo insieme al ministro e presidente del Reichstag Hermann Göring, con un bel mazzo di fiori in mano probabilmente donatogli da qualche accalorata fan femminile del futuro Führer.

1932 Berlin-Tempelhof, Hitler und Göring Reichsmarschall, Oberbefehlshaber der Luftwaffe, Ministerpräsident von Preußen. Eine Aufnahme aus der Zeit seines Kampfes um das Deutsche Volk. Der Führer auf einer Wahlreise durch Deutschland bei seiner Ankunft auf dem Flughafen Berlin-Tempelhof mit dem preußischen Ministerpräsidenten Hermann Göring. 1 1/2 Millionen Kilometer hat der Führer Adolf Hitler während seines Kampfes um die Erringung des Deutschen Volkes zurückgelegt.

1932 30 November. Adolf Hitler, during his electoral fly trip on Germany discussing the government crisis with the Reichstag President Hauptmann (Captain) Hermann Göring. Berlin-Tempelhof airport.

silenzio; in cambio riceveva maniacali e formali attenzioni anche da parte del segretario del suo amato. Completamente ignara e scarsamente interessata alla politica (che trovava noiosa), trascorreva le sue giornate al Berghof leggendo, facendo sport, guardando molti film americani, sempre in attesa delle attenzioni (rare) del suo uomo. Incredibilmente comunque Eva continua, anni dopo, a fare la commessa dagli Hoffmann, cosa che le fa dire agli inizi del 1935 : *"Ha così poca considerazione di me, che continua a lasciarmi fare salamelecchi ai clienti del negozio.."*. Affranta, depressa e sfinita da questa storia che pare condurla in un vicolo cieco, Eva tenta un secondo suicidio. Il 28 maggio 1935, dopo aver scritto l'ennesima lettera disperata a Hitler, ingurgita grosse quantità di sonnifero (27 pasticche di *Vanodorm* !), ma viene salvata appena in tempo dalla sorella Ilse che trovandola priva di sensi chiamò i soccorsi. La stessa riuscì, in quel frangente, a staccare le comprometttenti pagine del diario di sua sorella, evitando cosi spiacevoli malintesi. Grazie a questi "metodi" inusuali, Eva riesce a ottenere, almeno in parte, ciò che vuole.

Hitler la toglie dal negozio, le regala una casetta e un'autovettura. Nella bella villetta dell'elegante quartiere residenziale di Bogenhausen a Monaco, Eva va a vivere con la sorella minore Gretl e i suoi due Scottish Terrier: Stasi e Negus. La casa è assai confortevole e ben arredata. Alle pareti vi sono molti autentici "capolavori" di Hitler, che da giovane e per ben due volte, non venne ammesso all'Accademia delle Belle Arti di Vienna. Ufficialmente viene assunta nello staff personale del Führer in qualità di segretaria privata. Ed è con questo termine che viene presentata a Berchtesgaden. Qui, in mezzo alle Alpi, Eva trova anche il tempo di dedicarsi alla sua passione per la fotografia e la cinematografia. Le rare riprese a colori effettuate al Berghof da Eva Braun sono tra le prime fatte in Germania e nel mondo, e anche per questo rappresentano un documento storico di indubbio valore. Intanto passano gli anni, Hitler fa scoppiare la seconda guerra mondiale e dopo i successi iniziali è tutta una sequenza di sconfitte, fino a quel 9 febbraio 1945, quando Eva festeggia nella sua casa di Monaco il suo 33° compleanno. Avrebbe la possibilità di nascondersi, di mettersi in salvo, ma non vuole sentirne parlare.

A marzo si mette in viaggio per raggiungere il suo Adolf chiuso nel bunker della Cancelleria del Reich. Tutti

◄ **1943 Eva Braun e la sorella Margarethe *"Gretl"*** con l'inseparabile Scottish terrier Negus, seduti sulla terrazza del nido dell'aquila (*Kehlsteinhaus*). Gretl, insieme alla sorella primogenita Ilse, coprirono appena in tempo le prove dei due tentati suicidi di Eva, sventandone future e pesanti complicazioni. Gretl, si sposò proprio qui, nel luogo della foto, il nido dell'aquila con il generale delle SS Fegelein, grande seduttore e talentuoso fantino. Tutto ciò non bastò tuttavia al generale (che si era indebitamente allontanato dal bunker senza permesso) ad evitare la fucilazione ordinata dal suo "cognato" nelle concitate ore finali del Reich. Gretl incinta, ebbe pochi giorni dopo questi fatti, una bambina che chiamò Eva, in ricordo della sorella. Questa nipote, proprio come la famosa zia si tolse la vita a causa di un uomo, nel 1975.

1943 Eva Brauns Schwester Margarethe "Gretl" mit dem Scottish Terrier Negus, sitzen auf der Terrasse das Kehlsteinhaus (Kehlsteinhaus)

1943 Eva Braun and his sister Margarethe "Gretl" with the Scottish terrier Negus, sitting on the terrace of the Eagle's Nest (Kehlsteinhaus)

▼ **1939 Eva Braun in una bucolica immagine** nei prati attorno al Berghof a Berchtesgaden.
1939 Eva Braun in einer bukolischen Bild auf den Wiesen rund um den Berghof in Berchtesgaden.
1939 Eva Braun in a bucolic image in the fields around the Berghof in Berchtesgaden.

indistintamente cercano di dissuaderla, ma è tutto inutile: lei vuole rimanere accanto a Hitler fino alla fine, qualsiasi cosa accada. Tale e tanta abnegazione alla fine viene premiata: a poche ore dall'epilogo, Eva riesce finalmente a sposare il suo uomo e a diventare così la signora Eva Hitler. Due giorni dopo, Il 30 aprile, attorno alle 15.00, i due si suicidano nel bunker, Eva probabilmente col veleno. I corpi, cosparsi di benzina sintetica da Erich Kempka, l'autista del Führer, vengono parzialmente bruciati e semi sepolti, insieme ai loro cani, in una buca del giardino della Cancelleria. La donna che in meno di 15 anni tentò tre volte di uccidersi, con il coraggio di questo sacrificio supremo, riscatta con una certa dignità la sua breve e intensa esistenza. Sicuramente Hitler era attratto dalla bellezza di questa giovane e avvenente ragazza e, benché non la stimasse per la sua intelligenza, è certo che provasse affetto nei suoi confronti. E' importante anche sottolineare che, grazie al suo sostanziale distacco dalla politica, alla sua pressoché completa estraneità e ignoranza su quanto le accadeva intorno, e certamente alla sua drammatica fine, Eva rappresenta una delle poche personalità del periodo nazista a suscitare sentimenti di sincera compassione.

LE ALTRE DONNE

Geli e Eva furono indiscutibilmente le due donne più importanti della vita di Hitler insieme alla madre Klara, che il giovane Adolf amò moltissimo e per la cui dolorosa morte soffrì terribilmente. Altre importanti figure femminili che ruotarono attorno a Hitler, furono Winifred Wagner e Magda Goebbels. La prima, nuora del grande compositore Richard Wagner, rimase amica del Führer e devota hitleriana per tutta la sua lunga vita. Nel 1933, ormai vedova da tre anni, per Winifred e Adolf si parlò persino di un imminente possibile matrimonio. Hitler era solito dire che l'unica donna che avrebbe mai potuto sposare sarebbe stata proprio la signora Wagner e forse nella sua mente considerò l'idea di legare il proprio nome a quello di uno dei massimi artisti tedeschi. Magda Goebbels, moglie del ministro della propaganda Josef Goebbels, fu molto probabilmente la donna più intelligente del circolo nazista, fanatica hitleriana, forte e spietata. Era l'unica donna che avesse accesso ai salotti e alle discussioni importanti del Reich; la sola ad avere un qualche ascendente sul Führer. Hitler si adoperò molte volte per salvare il matrimonio, esemplare per la mistica e la retorica nazista che i Goebbels incarnavano.

Il suo ministro, infatti, coltivava numerosi rapporti extraconiugali e il Führer lo invitava ad interromperli e a condurre una vita familiare più fedele e morigerata.

Magda, il giorno dopo il suicidio di Hitler, in un crescendo veramente drammatico, prima di uccidersi con il marito, avvelenò i suoi sei figli, i cui nomi, in omaggio al suo idolo, iniziavano tutti con H.

Così morì l'unica donna che si sia mai potuta permettere di parlare di politica con Hitler. Un'altra donna che ebbe un certo ascendente sul Führer fu la regista Leni Riefenstahl, autrice di molti film di qualità, tra i quali il famoso 'Olympia', dedicato alle Olimpiadi di Berlino del 1936, vero cult movie della storia del cinema.

E ancora possiamo citare la principessa austriaca Stephanie Von Hohenlohe, personaggio discusso e misterioso. Fanatica di Hitler, operò parecchio nel mondo anglosassone alla ricerca di consensi e legittimazione del nazismo e, per questo motivo, fu considerata una spia. Il suo primo incontro con Hitler risalirebbe al 1933. In quell'occasione il Führer avrebbe chiesto alla principessa di adoperarsi per organizzare un incontro con il baronetto inglese Rothemere, editore del quotidiano britannico Daily Mail e simpatizzante delle idee naziste. Tale incontro ebbe effettivamente luogo a Berlino un anno più tardi e fu solo il primo dei grandi servigi resi alla causa nazista da parte della principessa Hohenlohe. In seguito, nel 1938, durante una sfarzosa cerimonia, Stephanie ricevette dal Führer in persona una svastica d'oro in segno di riconoscenza. Altra *femme fatale* fu la bellissima Inge Ley, moglie infelice dell'alcolizzato e rude Gauleiter Robert Ley. Bionda cantante e attrice, innamorata di Hitler, Inge si suiciderà in circostanze mai chiarite nel dicembre 1942. Va infine ricordata l'aristocratica nazista inglese Unity Mitford, cognata di Oswald

Mosley, il fantomatico capo del partito fascista inglese. Unity incontrò Hitler nel 1934 per la prima volta e fino al 1939 ebbe numerose occasioni di incontro. I due furono molto probabilmente amanti. A seguito dello scoppio della guerra fra il suo paese e la Germania, la Unity si sparò un colpo in testa con, si disse, una elegante pistola con manico in madreperla, si salvò miracolosamente ma il cervello ne subì conseguenze disastrose.

La Mitford morì otto anni dopo (a 33 anni come la Braun) per complicazioni legate al suo tentato suicidio. La Mitford è anche la seconda donna, oltre alla Lobjoie, da cui si dice Hitler abbia avuto un figlio segreto.

RENATE MÜLLER

Finiamo la nostra carrellata ricordando un'altra tragica figura femminile dell'orbita hitleriana: la star del cinema tedesco Renate Müller. Adocchiata per la prima volta da Goebbels, che aveva in questo campo l'occhio fino, Renate Müller era una bella attrice di Monaco. Cantante e ballerina era una donna avvenente e con un bel carattere. Il fido Goebbels pensò fosse la donna ideale per quell'orso del suo capo (in fatto di donne beninteso, il fido ministro era per il resto un hitleriano convinto al 100%).

Iniziò quindi a decantargli le doti della donna, finché Hitler acconsentì all'incontro che fu organizzato al Berghof. Detto fatto, Renate arrivò a Obersalsberg giusto per l'ora di pranzo.

Hitler adottò subito la sua usuale tattica fatta di galanterie asburgiche, offrendosi come suo solito di mostrare alla bella attrice tutta la casa. Gli altri ospiti, messi sull'avviso, finsero impegni improvvisi e si dileguarono lasciando presto soli i due. Ad un certo punto, proprio nel bel mezzo della visita al suo museo privato, Hitler si girò di scatto e fece il saluto nazista ad una costernata Renate, battendo i tacchi e mantenendo la posizione per alcuni lunghissimi e interminabili istanti. Per poi tornare di scatto in posizione normale

▶ **1934 La famosa attrice tedesca Renate Müller**, che ebbe una tormentata liason con Hitler, qui ritratta in una cartolina da collezione (da scatole di sigarette).

1934 Der Deutsch Schauspielerin Renate Müller in einem tobaco Karten Sammlung.

1934 The german actress Renate Müller in a tobaco cards collection.

◀ **1933 Adolf Hitler con Joseph Goebbels e una bambina sulla spiaggia di Heiligendamm in Pomerania.** Questa, nella nota sulla foto viene indicata come la primogenita di Goebbels e Magda: Helga, la prediletta di Hitler, solo che la stessa nacque verso la fine del 1932, mentre la bambina dell'immagina pare avere almeno 3-4 anni, Quindi o la foto risale in realtà al 1936-38 oppure la bambina non è la figlia del ministro della propaganda nazista.

1933 Heiligendamm. Adolf Hitler mit Joseph Goebbels und dessen Tochter (?) am Strand, dem Kind die Wange tätschelnd

1933 Adolf Hitler with Joseph Goebbels, and a girl on the beach at Heiligendamm in Pomerania.

notificando alla sorpresa ed inebetita ospite, che lui, unico fra i camerati nazisti, quella posizione la potrebbe tenere per ore e ore. Detto ciò, si girò, e senza aggiungere altro se ne andò lasciando la povera Renate quanto meno libera dal non dover recitare ipocrite parti di fanatica nazionalsocialista. Nei giorni a venire Renate, vero agnello sacrificale, sempre ospite al Berghof, viene lusingata da scatole di cioccolatini, di confetti, mazzi di fiori fatti trovare in camera.

Evidentemente Hitler era in un certo modo intimidito dalla figura della Müller e, solo il giorno prima della partenza, la convince a vedere insieme un film della stessa attrice, pregandola di fargli un commento personale sulle varie scene. Si abbassarono le luci; nella sala erano presenti solo i due e l'operatore, una fedele SS addetta al proiettore. Hitler, fattosi più audace, prima prese fra sé la mano destra bella e affusolata di Renate, poi piano piano cominciò un lento avvicinamento alla donna, appoggiando la sua mano al ginocchio della stessa per risalire lentamente fino all'inguine e lì fermarsi per tutto il resto della proiezione, il tutto sempre sotto gli occhi spioni e ben presenti dell'operatore.

L'imbarazzata Renate, prese l'aereo per Berlino il giorno dopo. Giunta a casa, la trovò strapiena di fiori esotici, dono personale del Führer. La stella di Renate nelle settimane e mesi a venire rifulse ancora di più grazie alla spinta interessata del ministro Goebbels responsabile principale della cinematografia del III° Reich. Il ministro stava scommettendo sulla coppia, sicuro che ne avrebbe avuto riconoscenza e tornaconto. Ma il progetto non andava come lui avrebbe voluto. Hitler si mostrava distratto, non troppo interessato e le occasioni d'incontro fra i due si ridussero al lumicino.

La Müller passò oltre e, considerata chiusa l'operazione che non aveva neppure troppo caldeggiato, tornò ad occuparsi della sua vita. In tournée a Parigi l'attrice incontrò l'amore vero, nelle vesti di un facoltoso e brillante uomo d'affari ebreo. La Gestapo però era alle sue calcagna e fece rapporto al Führer. Inevitabile la sua reazione. Hitler ordinò che l'attrice venisse portata subito a Berchtesgaden. Renate, raggiunta dalle SS a Colonia, venne forzatamente fatta salire su una funerea Mercedes nera: direzione la bassa Baviera. Raggiunto il Berghof, la donna inquieta e spaventata fu lasciata da sola in una camera fino oltre le 23.00 quando fu invitata a raggiungere Hitler nei suoi alloggi privati. Qui, dopo alcuni minuti di silenzio assordante, Hitler diede vita ad uno dei suoi terribili scatti d'ira, fatti di urla, gemiti e imprecazioni che gelavano gli sfortunati presenti. Dopo aver apostrofato la donna con epiteti impronunciabili, le annunciò di essere al corrente del suo rapporto con il vile giudaico, rinfacciandole che lui, il Führer, non poteva venire oltraggiato in questo modo miserevole e squallido. Immaginatevi la paura di questa povera donna indifesa di fronte alla rabbia di un uomo così potente e pericoloso! Finché, come spesso gli capitava, ecco il cambio di registro. Hitler scoppiò in incontenibili ed inconsolabili singhiozzi. Renate, disgustata dall'improvvisa debolezza mostrata dall'uomo, ebbe la forza e il buon senso (forse) di far uso della sua femminilità. Si avvicinò a Hitler, lo abbracciò stringendolo a sé sul seno, come si fa con i bambini per rabbonirli e riuscì a calmarlo. Tutto sembrava quindi rientrato, ma non fu così. Nelle settimane e nei mesi successivi la vita di Renate divenne un inferno. Pedinata, controllata, indirettamente minacciata dalla gelosia morbosa di un uomo che poteva permettersi un servizio di polizia terribile quanto efficace, la vita dell'attrice venne sconvolta. I nervi della Müller saltarono. Si ammalò, dissero di epilessia, un giorno decise di farla finita buttandosi dal terzo piano di un palazzo. Finì sfracellata al suolo e, non ancora deceduta, venne portata in ospedale dove fu sottoposta a trasfusioni. Fu tutto inutile, Renate morì nei giorni successivi. Si disse che, in realtà, più che suicidio, si trattò di omicidio. Pare infatti che quella sera, due agenti della Gestapo, furono visti avviarsi alla porta della povera Renate e che, forse per lo spavento, la poveretta si sia lanciata nel vuoto. Insomma quattro tra le più importanti donne di Hitler finirono col suicidarsi ed altre due tentarono di farlo. Inevitabile pensare che tutto ciò non sia casuale ed abbia un triste movente.

▶ **1939 20 aprile. Hitler compie cinquant'anni** ed il fedele SS Reichminister Heinrich Himmler gli fa dono di un prezioso quadro
Nella foto si riconoscono anche il SS-ObergruppenFührer Sepp Dietriche e Karl Wolff (a destra). Si ipotizzò un coinvolgimento delle SS nella morte ancora oscura della Renate Müller.

1939 20 april, Der ReichsFührer-SS und Chef der deutschen Polizei Heinrich Himmler überbringt am Adolf Hitler seine Glückwünsche zu dessen 50. Geburtstag.

1939 20 April, the ReichsFührer SS and Chief of German Police Heinrich Himmler let his congratulations on the 50th Birthday of Adolf Hitler.

▲ **1933 Hitler e Prince (o Muckl o un Blondi maschio).** La foto ritrae Hitler verosimilmente nei primi anni 30, non ancora nominato cancelliere. Il pastore tedesco che appare nella foto, scattata forse nell'appartamento monachese del dittatore, non era la più famosa cagna Blondi, dato che la stessa venne regalata a Hitler da Martin Bormann solo nel 1941. Hitler ebbe, nel corso della sua vita diversi pastori tedeschi, razza che amava particolarmente. Il primo di questi si chiamò Prinz, cui fece seguito una lunga serie di Blondi o Blonda. Quello dell'immagine potrebbe essere Prinz o appunto uno di questi.

1933 Adolf Hitler mit einer seiner geliebten Deutschen Schäferhund (Prinz?). 1933 Adolf Hitler with one of his beloved German shepherd dogs (Prinz ?).

▶ **Hitler coi suoi camerati** del 16° reggimento della Riserva bavarese al fronte nel 1916 insieme al cane-mascotte Fuchsl.

Der Führer mit seinen Kriegskameraden vom bayerischen Reserve-Infanterie-Regiment 16 un der hund Fuchsl.

The Führer with its war comrades of the Bavarian Reserve Infantry Regiment 16, and his first dog: Fuchsl.

HITLER I CANI E GLI ANIMALI

Berlino, 4 maggio 1945 ore 12.00. Nel giardino annesso al bunker della cancelleria, un soldato sovietico, tale Ivan Curakov, inciampa malamente nei numerosi detriti che hanno reso quel giardino una gruviera di esplosioni. Cadendo, il soldato sfiora i resti di un *panzerfaust*, l'arma anticarro tedesca degli ultimi mesi di guerra. Nel rialzarsi nota alcuni stracci bruciacchiati; incuriosito li avvicina a sé e scopre delle gambe umane !

Fu così che vennero ufficialmente scoperte le salme di Hitler e di Eva Braun. Rimossi i corpi che subirono un tentativo mal riuscito di cremazione e adagiati su coperte militari, si scoprì una buca sul cui fondo vennero ritrovati anche i poveri resti di tre animali. Il più piccolo è un terrier scozzese nero a pelo lungo e coda tarchiata visibilmente colpito da due proiettili. Risulterà però che la sua morte avvenne per ingestione di cianuro e che i colpi di rivoltella servirono ad anticiparne la fine. Il cane si chiamava Burli ed apparteneva alla compagna del Führer, Eva Braun. Lì vicino, un altro cane: un pastore tedesco di razza pura di grosse dimensioni. Si tratta della cagna Blondi, per la quale Hitler provava un affetto morboso. Anche Blondi risultò avvelenata col cianuro, ma non si videro tracce di colpi di grazia successivi. Infine era presente anche la carcassa del cucciolo Wolf, figlio dell'ultima nidiata di cagnolini della povera Blondi. Così finirono parzialmente bruciati il dittatore, sua moglie e i loro adorati cani. E' abbastanza nota la passione del Führer per gli amici a quattro zampe. I suoi cani possono a buon conto essere classificati come un particolare ed amato "branco di lupi" del cerchio magico di Hitler. Il primo cane di cui si ha notizia nella biografia di Hitler fu Fuchsl, un piccolo terrier (forse un bulldog) di colore bianco che fece da mascotte e fedele compagnia al povero caporale di origine austriaca nelle umide e fredde trincee della prima guerra mondiale. Un giorno, a seguito di un trasferimento del reggimento bavarese di Hitler, il povero Fuchsl si perse. Uno sconvolto Adolf fu visto lamentarsi per parecchio tempo con affermazioni del tipo: *"gli volevo bene, ubbidiva solo a me..."*. Terminato quel conflitto, nel 1921, in una Germania in piena crisi economica e sociale, Hitler adottò il suo primo pastore tedesco che battezzò Prinz (principe). A causa della grave indigenza in cui allora versava il futuro dittatore, egli fu allora costretto a disfarsi del suo cane, cedendolo ad un nuovo proprietario. Prinz però preferì scappare per far ritorno dal suo ex padrone. Questo atto di abnegazione e fedeltà commosse a tal punto Hitler che confermò ancora di più l'amore per i cani, soprattutto per i pastori tedeschi. Questa razza canina era molto amata da Adolf Hitler. L'addestramento che ricevevano i pastori tedeschi in quel periodo era molto duro e crudele.

Erano diventati una razza con caratteristiche ben precise: docili e buoni ai comandi del padrone, dotati di un fiuto eccezionale; guardinghi, feroci e capaci di azzannare e trattenere sconosciuti od intrusi, fino a nuovo ordine. Per contro Hitler non amava cani di altre razze. Ad esempio detestava i boxer, che considerava animali degenerati. Dopo Prinz, Hitler adottò un nuovo pastore tedesco che chiamò Muckl. Ma il cane in assoluto più famoso di Hitler fu Blondi e proprio lei accompagnò il suo padrone fino alla sua morte nella tragica giornata del 30 aprile 1945.

Blondi fu il cane del Berghof, il cane che seguiva Hitler nelle lunghe passeggiate sull'Obersalzberg. Pochi sanno però che Hitler ebbe anche altri due cani chiamati Blondi (o Blonda secondo altre fonti). La prima nata nel 1926 e la seconda, figlia della prima, nata nel 1930. La famosa Blondi morta nel bunker della cancelleria fu invece regalata al Führer da Martin Bormann nel 1941. L'anno successivo, per fare compagnia a Blondi, Hitler si procurò a Ingolstadt un nuovo pastore tedesco che chiamò Bella. Anche Eva Braun nutriva una grande passione per i cani ma provava scarso affetto per Blondi.

La cagna non le era simpatica, forse ne era a suo modo gelosa. Appena possibile la Braun rifilava continui calci al povero cane sempre accucciato sotto al tavolo, almeno così ricorda nei suoi diari Traudl Junge, segretaria di Hitler. Un bel giorno, all'ennesima "pedata", forse data con eccessivo vigore, la povera Blondi lanciò un guaito. Hitler avrebbe allora immediatamente rivolto uno sguardo severo e sospettoso verso Eva. Per fortuna il fatto non ebbe alcun seguito se non quello di obbligare Eva a prestare maggiore attenzione al cane del suo amato. La donna preferiva la compagnia dei suoi due scottish terrier: Negus e Stasi (noto anche come Katuschka). Questi piccoli animali, pelosetti e vivaci, parevano però infastidire Hitler, il quale considerava i cani solamente se erano di una certa stazza !!

Nella tragica primavera del 1945, Blondi sfornò una nidiata di cinque cuccioli, concepiti con il pastore tedesco Harras, cane appartenente alla famosa architetto nazista Gerdy Troost (moglie del più famoso Paul Troost). Ad uno di questi cuccioli, lo stesso Hitler affibbiò il suo personale nomignolo Wolf (lupo). Negli ultimi giorni del suo Reich che doveva essere millenario, mentre molti dei suoi "fedelissimi" si dileguavano rapidamente, abbandonando la nave che affondava, a fare fedele compagnia a Hitler rimasero Blondi con tutti i suoi cuccioli. Una sala riservata alle guardie venne confiscata per far posto a questo vivace canile proprio

▶ **1935 Curiosa immagine di Hitler con un merlo** che gli si è appoggiato sulla spalla.

1935 Dies ist ein sehr nettes Bild der Führers und ein klein Amsel

1935 curious picture of Hitler with a blackbird that was leaning on the shoulder.

◀ **1930 riposo in Baviera.** Questa foto risale al periodo in cui Hitler frequentava la nipote e amante Geli Raubal. A breve Hitler rinuncerà all'immagine borghese che caratterizzò buona parte del decennio degli anni venti, per far posto all'uniforme delle squadre d'assalto che diverrà una componente della sua immagine pubblica. Il futuro dittatore della Germania è qui ritratto vicino uno dei suoi adorati cani.

1930 Ruhe in Bayern mit dem Hund

1930 Quite Bavaria with the dog

vicino alla stanza del Führer. Hitler venne più volte sentito parlare con la sua adorata cagna cui sussurrava: *"A volte Blondi, penso che tu sia l'unica di cui mi posso fidare."*
Potrete quindi immaginare quale sofferenza dovette provare il dittatore quando si rese inevitabile sopprimere il suo cane.
Blondi ricevette docilmente le capsule di cianuro somministrategli da un medico dello staff e morì in pochi attimi, lasciando Hitler sconvolto dal dolore e disperato. Dopo il suicidio di Hitler e di sua moglie, vennero alla fine soppressi anche tutti i cuccioli rimasti insieme ai due terrier e ad un bassotto di Eva.
In merito agli altri animali, pare che Hitler avesse una predilezione per gli uccelli, soprattutto quelli rari, tanto da averne voliere colme al Berghof. Il canto dei volatili era infatti una delle sue passioni. Nella sala da pranzo vi era addirittura una folla di quasi settanta volatili che facevano ovviamente un baccano incredibile che disturbava tutti, tranne le orecchie del padrone di casa. Sembra invece detestasse daini, stambecchi, cerbiatti e altri animali di montagna. Rimanendo in ambito animale può essere interessante leggere gli epiteti bestiali che Hitler usava per attaccare talune persone. Chiamava maiali o sporchi cani rabbiosi i suoi oppositori. Russi e slavi erano sempre denominati bestie o famiglia di conigli. I diplomatici britannici erano apostrofati come "piccoli vermi" e rispetto agli americani diceva che avevano il cervello di una gallina. Hitler a volte se la prendeva anche con la sua gente e allora li definiva pecoroni, mentre le sue sorelle venivano etichettate come "stupide oche".
La passione di Hitler e di altri capi nazisti per gli animali, specialmente per i loro cani, fu analizzata da Max Horkheimer e Theodor Adorno, i due più grandi filosofi tedeschi del XX secolo. Per certe personalità autoritarie, scrivono, "l'amore per gli animali" è parte del loro modo di intimidire gli altri. Quando i magnati dell'industria ed i capi nazisti vogliono avere animali domestici, scelgono sempre animali dall'aspetto feroce, come alani e pastori tedeschi, per avere ulteriore potere attraverso il terrore che questi ispirano.
"Il colosso assassino nazista si pone così ciecamente di fronte alla natura, da vedere gli animali solo come un mezzo per umiliare gli uomini. L'interesse appassionato dei nazisti per gli animali, la natura ed i bambini affonda le sue radici nel gusto della persecuzione. In presenza del potere, nessuna creatura è un essere portatore di diritti. Una creatura è meramente una materia per gli scopi sanguinari del padrone".

◀ **1933 21 marzo Tag (giorno) di Potsdam**
Celebrazione di apertura del Reichstag. Il Cancelliere Adolf Hitler colloquia amabilmente con il principe ereditario Guglielmo di Prussia. *"Tutto va bene"*, pare dire Hitler al figlio del Kaiser in esilio. Con l'occasione dei festeggiamenti alla tomba di Federico il Grande, Hitler cercò di dimostrare la verosimiglianza e la continuità fra il suo movimento politico e la più grande monarchia tedesca. Parte della famiglia reale, con il *Kronprinz* in testa in un primo tempo sostenne apertamente Hitler, in quanto si pensava che avrebbe potuto fare in Germania ciò che Mussolini aveva fatto in Italia, ponendo fine all'influenza bolscevica e marxista. Dopo l'assassinio dell'ex cancelliere Kurt von Schleicher, nella notte dei lunghi coltelli, apparve chiaro che tutto ciò era solo una mera chimera e Guglielmo di Prussia si ritirò da ogni attività politica.

1933 Potsdam. Feier zur Eröffnung des Reichstages. Reichskanzler Adolf Hitler und der Deutsche Kronprinz Wilhelm von Preußen (Chef des Hauses Hohenzollern) im Gespräch während der Feier vor der Garnisonkirche in Potsdam.

1933 march, 21 Potsdam day, the Meeting politician Adolf Hitler in 1933 with William, German Crown Prince.

► **1934 25 febbraio Berlino Memorial Day,** da sinistra: Joseph Goebbels, Adolf Hitler e Werner von Blomberg, prima della cerimonia ufficiale presso l'Opera di Stato *Unter den Linden.*

1934 25 februar Berlin Heldengedenktag, von links: Joseph Goebbels, Adolf Hitler und Werner von Blomberg vor dem Staatsakt in der Staatsoper Unter den Linden im Gespräch

25 February 1934 Berlin Memorial Day, from left: Joseph Goebbels, Adolf Hitler and Werner von Blomberg, before the official ceremony at the State Opera Unter den Linden.

◄ **1933 21 marzo: La Giornata storica di Potsdam.** Il presidente von Hindenburg con il cancelliere Hitler e il Reichswehr ministro von Blomberg di fronte alla Chiesa della Guarnigione a Potsdam.

1933 Der historische Tag von Potsdam am 21. März. Reichspräsident von Hindenburg mit Reichskanzler Hitler und Reichswehrminister von Blomberg vor der Garnisonkirche in Potsdam

1933 21 March, The historic Day of Potsdam. President von Hindenburg with Chancellor Hitler and the Reichswehr Minister von Blomberg.

◄ **1993 30 gennaio, il presidente Paul von Hindenburg ha appena nominato Hitler nuovo cancelliere**. Hitler il successivo 1 febbraio tiene un discorso radio alla nazione tedesca.

1933 30. Januar, ernennt Reichspräsident Paul von Hindenburg Adolf Hitler zum Reichskanzler. Der neue Reichskanzler Hitler verliest am 1. Februar über alle deutschen Sender einen Aufruf der Reichsregierung an die deutsche Nation.

1933 30 January. The Reich President Paul von Hindenburg appoints Adolf Hitler as chancellor. The new Chancellor Hitler reads on 1 February on all German radio station a call to the Imperial Government to the German nation.

HITLER: CHIESA E RELIGIONE

Un capitolo molto importante della vita politica di Hitler è quello relativo ai suoi rapporti con la chiesa cattolica o cristiana in generale. La grande raccolta delle sue dichiarazioni ufficiali o private, in merito alla questione, non fa comunque chiarezza sull'argomento. Secondo il tipo di uditorio, appare un Hitler pervicacemente ostile e contrario alla chiesa o, al contrario, possibilista e conciliante. Diceva Albert Speer, il suo architetto, che Hitler si esprimeva assai duramente contro la chiesa nei suoi discorsi ai vertici del partito a Berlino. In modo assai più misurato si poneva invece in occasioni meno formali: *"Non c'è alcun dubbio che la chiesa sia necessaria al popolo. Essa è un forte elemento conservatore."*
Quando, nel 1937, a seguito dei dettami rosenberghiani e nazisti ortodossi, moltissimi adepti del partito abbandonarono la chiesa, Hitler impose ai maggiorenti dello stesso, vale a dire a Göring e Goebbels di rimanervi all'interno, come del resto fece lui che infatti vi rimase fino alla morte. Tuttavia quella a cui aspirava Hitler era una chiesa di stato, come quella inglese per intenderci.
Nel 1942, in piena guerra, è sempre Albert Speer a sostenerlo. Hitler continuava a ripetere l'importanza e la necessarietà della chiesa, di una chiesa forte per la vita dello stato. Auspicava anche una riunione fra le due principali confessioni tedesche, quella cattolica e quella riformata, lamentando di non aver trovato nel *Reichsbischof* Ludwig Müller (vescovo tedesco per le chiese evangeliche del Reich), l'uomo giusto per realizzare tale piano. Criticava coloro che volevano combattere la chiesa, considerava questo un delitto contro l'avvenire della nazione, perché nessuna ideologia di partito avrebbe potuto sostituire la religione, la quale dall'alto della sua storia millenaria, avrebbe indubbiamente saputo avvicinarsi, nel tempo, anche alle finalità del nazionalsocialismo. Dio sa se non si era adattata già mille volte nel corso della storia !

▶ **1935 Hitler nella classica posizione con saluto nazista; alle spalle un duomo di una città tedesca.** L'immagine non è casuale, Hitler ebbe un rapporto complesso, difficile ma utilitaristico con la chiesa e le istituzioni religioni cristiane operanti in Germania. Il suo intento finale era quello di inaugurare una chiesa di stato nazionale sotto il completo controllo del partito.

1935 Hitler in Nazi-Gruß Position, hinter einer Kuppel aus einer deutschen Stadt

1935 Hitler in Nazi salute position, behind a dome of a German town.

◀ **1940, Parigi 23 giugno.** Subito dopo il crollo della Francia, Hitler visitò Parigi per due ore all'alba del 23 giugno 1940. Si fece immortalare davanti alla Tour Eiffel in compagnia degli "artisti" del terzo Reich: l'architetto Albert Speer a sinistra e lo scultore Arno Becker a destra nella foto. I tedeschi ebbero sempre una particolare predilezione e debolezza per la Francia, per la sua cultura, la sua eleganza intellettuale, i suoi piaceri raffinati. Per questi motivi, principalmente, l'occupazione di Parigi fu assai più lieve di quella subita da Praga e Varsavia.

1940, 23 Juni. Paris, Eifelturm, Besuch Adolf Hitler. Nach der Besetzung Frankreichs durch die faschistische deutsche Wehrmacht im Juni 1940 besucht Adolf Hitler Paris. Hier unter dem Eifelturm gezeigt mit Reichsminister Albert Speer, und Bildhauer Arno Breker.

1940 June 23. Hitler in Paris, on the esplanade of Chaillot's palace, under the tour Eiffel with the Reich Minister Albert Speer and the sculptor Arno Breker.

Ma è sempre lo stesso Hitler che commenta: *"La nostra disgrazia è quella di avere una religione sbagliata. Perché non ci è toccata in sorte quella dei giapponesi ad esempio, che vede nel sacrificio per la patria la cosa più grande ? Lo stesso Islam sarebbe più adatto a noi, che non la fiacca tolleranza del cristianesimo."*
Ufficialmente la questione attorno alla religione cristiana per i nazisti era quella descritta e condensata nelle oltre settecento pagine del *"Mito del ventesimo secolo"*, il famoso scritto dell'ideologo nazista Alfred Rosenberg. Tuttavia nel chiacchierio delle giornate passate alla Teehaus ad Obersalsberg, Hitler liquidava il testo del suo ideologo *"come roba che nessuno poteva capire"*, scritta da *"un baltico col cervello di gallina, che pensa in modo terribilmente complicato"*. Chissà se qualcuno abbia mai riferito tali sferzanti giudizi all'ideologo ufficiale del nazismo.
Esistono inoltre stralci di discorsi pubblici in cui pare che il dittatore nazista abbia voluto prendere le difese del cattolicesimo, come appare in questo estratto, fatto nel discorso di scioglimento del Reichstag nel febbraio del 1933: *"Preserveremo e difenderemo i principi su cui la nazione è stata costruita: il Cristianesimo come fondamento della nostra morale e la famiglia come base della nostra vita nazionale (...), combatteremo una guerra senza sosta contro il nichilismo spirituale, politico e culturale"*. Ed ancora in un altro discorso, ribadisce: *"Oggi i cristiani sono alla guida di questo paese. Io non avrò alcun legame con partiti che vogliono annullare la cristianità: noi vogliamo riempire di nuovo la nostra cultura dello spirito cristiano. Vogliamo eliminare le recenti immoralità nella letteratura, nel teatro, nella stampa. In poche parole vogliamo sconfiggere la venerea immoralità che ha contaminato la nostra cultura e tutto il nostro modo di vivere, come risultato degli eccessi liberali degli anni passati"*.
Insomma da queste considerazioni ci appare un Hitler certamente opportunista e quasi disinteressato, e per lo meno bonario rispetto alla questione religiosa, se non altro per i suoi aspetti legati al controllo della società e dello stato. Il Führer appare come una sorta di distaccato laico sostanziale, certamente un cattolico non praticante, ma comunque non un fustigatore di preti, alla maniera del primo Mussolini per intenderci. Sappiamo invece che la macchina del partito operava in gran parte seguendo alla lettera i dettami più oltranzisti nei confronti di qualsiasi potere precostituito, sia esso pubblico che religioso, e Hitler non fece nulla per opporvisi, semplicemente demandò ad altri.
Fin qui abbiamo segnalato e ricordato le prese di posizione, soprattutto le più moderate e pacifiche di Hitler riguardo alla chiesa. Ma per quest'uomo pieno di sostanziali contraddizioni esiste anche un dossier inverso, possibilmente ancora più vasto, di dichiarazioni ed intenti molto contrari, se non pericolosi e distruttivi, in merito alla questione della religione cristiana.

▲ **Il nazismo ebbe sempre un atteggiamento ambiguo nei confronti della chiesa.** Agli inizi certamente cercò di appropriarsi anche dei suoi simboli e di tenersela comunque alleata. Ne è un esempio questa decorazione che lega la croce alla svastica.

Beispiel für die Verwendung religiöser Bilder wie diese Dekoration, die das Kreuz verbindet mit dem Hakenkreuz.

Example of use of religious images such as this decoration that ties the cross with the swastika.

▶ **1936 Hitler stringe la mano al capo della chiesa riformata l'arcivescovo Ludwig Müller**, prelato su posizioni assai vicine al nazismo. Hitler tuttavia lo riteneva un incapace. Müller si toglierà la vita nel luglio del 1945.

1936 Hitler die Hand schüttelte den Kopf der Reformierten Kirche, Erzbischof Ludwig Müller.

1936 Hitler shaking hands with the leader of Reformed Church, Archbishop Ludwig Müller.

Gran parte delle frasi seguenti sono state raccolte, come anche le precedenti, durante normali colloqui di Hitler a tavola con amici e commensali. Trascritti con maniaca sequenza e puntualità dal suo segretario Martin Bormann, che perennemente dotato di penna e taccuino, solerte, non si lasciava sfuggire nulla. In una di queste, segnata febbraio 1942 Hitler disse: *"Il cristianesimo costituisce il peggiore dei regressi che l'umanità abbia mai potuto subire, ed è stato l'Ebreo, grazie a questa invenzione diabolica, a ricacciarla quindici secoli indietro"*. Il Führer amava molto anche fare dei parallelismi storici. A proposito dell'Impero Romano disse che lo stesso crollò per colpa dei cristiani e rincarò la dose affermando: *"Sono sicuro che Nerone non ha mai incendiato Roma. Sono stati i cristiani-bolscevichi, figli dell'ebreo Paolo"*. La Chiesa cattolica, continuava, era *"il luogo dell'ipocrisia e della menzogna, che si faceva forte d'invenzioni colossali ed assurde come l'aldilà e la resurrezione. Preti-aborti in sottana, stormi di cimici nere, imbrogliano dei poveri vecchi con la paura di morire per puro e cinico interesse"*. Con i missionari poi rincarava la dose: *"gli ultimi dei maiali"*, *"ripugnanti"* e *"perversi"*. A volte raccontava il suo percorso cattolico giovanile in età scolastica, affermando che già a 14 anni aveva smesso di credere a tutte quelle fandonie e col suo insegnante di religione era in continuo conflitto. Scaltramente però, una volta raggiunto il potere, fu come ricordato, tanto astuto e cinico dall'agire con prudenza e cautela contro la chiesa, assicurando tuttavia ai suoi accoliti, che prima o poi, dopo gli ebrei, a fine guerra, sarebbe toccata la stessa sorte anche ai seguaci di questa istituzione. Primo della sua lista nera fu il coraggioso cardinale di Westfalia, Clemens Von Galen in testa. Questi infatti, nel 1941, ma anche prima, osò sfidare le direttive del partito nazista in occasione del progetto Eutanasia con il quale Hitler pensava di liberarsi di tutte quelle persone, come i malati mentali, che riteneva inutili, non produttivi e quindi non necessari alla nazione, considerati solo uno spreco e un inutile costo. In quelle prime occasioni di scontro comunque, lo stesso Führer frenò l'esuberanza dei suoi contro la Chiesa perché temeva

profondamente che, come annotò Speer, questi fatti potessero ritorcersi negativamente nello stato d'animo di molti soldati al fronte, specialmente di quelli credenti. E' interessante leggere altre due considerazioni di Hitler in proposito, raccolte fra il 1941 e l'anno successivo: *"Ho conquistato lo Stato a dispetto della maledizione gettata su di noi dalle due confessioni: quella cattolica e quella protestante"*. Ancora: *"Un male che ci rode sono i nostri preti delle due confessioni. Attualmente non posso dar loro la risposta che si meritano, ma essi non perderanno nulla ad aspettare. Ogni cosa è segnata nel mio registro. Verrà il momento in cui regolerò i miei conti con loro ed allora non prenderò vie traverse"*. Al di là delle dichiarazioni contrastanti di Hitler nei confronti della religione rimane tuttavia innegabile che, durante i dodici anni di vita del Terzo Reich, la Chiesa subì pesanti ricatti, restrizioni e vessazioni perché giudicata, di fatto, ostile dal governo nazista. Molti furono i preti tedeschi che vennero internati e uccisi nei campi di concentramento, specialmente a Dachau, dove esisteva un'apposita zona loro riservata. Il processo di Norimberga non dimenticò tali fatti: uno specifico capitolo e relativo capo d'accusa venne aperto sulla questione inerente la persecuzione religiosa. L'accusa in questione recitava: *"Essi (i nazisti) hanno dichiarato il loro obiettivo di eliminare le chiese cristiane in Germania ed hanno perciò cercato di sostituirle con le istituzioni e le credenze naziste; in ordine a tutto ciò hanno perseguito un programma di persecuzione di sacerdoti, chierici e membri di ordini monastici che essi ritenevano opporsi ai loro intenti, ed hanno confiscato le proprietà della chiesa"*. In tale contesto ovviamente non scampò alle tensioni la delicata relazione diplomatica fra III° Reich e Vaticano, che si fece via via sempre più pesante, obbligando i principali alleati di Hitler, Mussolini in testa, a persuadere Hitler ad allentare la polemica, giudicata dal Duce assolutamente infruttuosa agli scopi dell'asse. Si giunse pertanto nel 1933 alla firma di un particolare concordato fra la Germania nazista e il Vaticano. Questo atto diplomatico, spesso criticato, è alla fonte delle numerose critiche ricevute nel dopoguerra dalle autorità ecclesiastiche, Papa Pacelli in testa. Vi fu chi parlò apertamente di connivenza con il regime; in realtà la Chiesa cercò di proteggersi e di conservare il proprio potere. L'ambasciatore inglese presso la Santa Sede riferì che Pio XII a tale riguardo gli disse: *"Era come se una pistola mi fosse stata puntata sul capo e non avevo alcuna alternativa"*. Il problema non era di poco conto visto che i cattolici in Germania erano una forte "minoranza" pari al 40% della popolazione ! Hitler e i nazisti, tuttavia, scavalcarono infinite volte gli accordi (vi furono più di 80 proteste formali inoltrate dal Vaticano e lasciate cadere nel vuoto) dapprima in Germania e poi nelle zone sotto occupazione: i nazisti chiusero scuole, giornali e associazioni cattoliche. Fecero togliere i simboli cristiani come i crocefissi dalle case e dagli edifici pubblici, e come già ricordato arrestarono, torturarono e misero nei lager molti preti e uomini di chiesa. A fine guerra si contarono le vittime di questa violenza: quasi 10.000 sacerdoti furono arrestati o internati, 150 perirono nei lager e un altro centinaio furono assassinati in altre circostanze. A seguito di questa truce, ma efficace campagna di de-cristianizzazione, il nazismo raggiunse l'obbiettivo che si era prefissato di ottenere l'abbandono della confessione religiosa da un numero sempre maggiore di tedeschi.

▼ **1938 8 dicembre, varo della prima (e unica) portaerei tedesca, la Graf von Zeppelin**. Questa nave venne commissionata su volere di Adolf Hitler il 16 novembre 1935 e la costruzione della chiglia cominciò il 28 dicembre dell'anno successivo. Il varo ebbe luogo, con un discorso tenuto dal comandante supremo della Luftwaffe Hermann Göring (che osteggiò sempre il progetto), nonostante alla nave mancassero ancora gran parte degli allestimenti. La nave infatti non operò mai, ed alla fine venne catturata e usata dai sovietici per altri scopi.

1938 8. Dezember, Start des ersten (und einzigen) deutschen Flugzeugträger, der Graf von Zeppelin.

1938 8 December, launch of the first (and only) German aircraft carrier, the Graf von Zeppelin.

▲ **1936, Hitler osserva pensieroso** il palco della sala dal quale dovrà pronunciare un discorso. Novello sacerdote di una nuova religione, che come da tradizione non rinuncia alle grandi scenografie, al ricorso di simboli e valori mistici, siano esso celebrati da un palco di teatro o durante il varo di una grossa nave.

1936, sieht Hitler nachdenklich an die Decke des Raumes, aus dem eine Rede halten wird.
1936, Hitler looks thoughtfully at the stage of the hall from which will give a speech.

◄ **1932 Hitler all'uscita da una chiesa cattolica**, confessione alla quale apparteneva la sua famiglia ed anche il 40% circa della popolazione tedesca.

1932 Hitler verlässt katholische Kirche.
1932 Hitler leaving Catholic church

CURIOSITÀ E LEGGENDE

HITLER NON MORÌ A BERLINO....

Lo scrittore argentino Abel Basti, ha realizzato un libro che avvalora l'ipotesi che il dittatore tedesco, insieme alla moglie Eva Braun, riuscì a sottrarsi alla cattura da parte dei russi a Berlino e rocambolescamente i due raggiunsero l'Argentina, grazie ad un piano di fuga preparato per tempo dai suoi fedelissimi. L'autore delle note asserisce che vi sono numerosi testimoni e coincidenze che avvalorano questa tesi. La fuga sarebbe stata possibile grazie ad un lungo viaggio in sommergibile dal Baltico alle coste dell'Argentina. I mezzi che accompagnarono Hitler e il suo seguito (meno di dieci persone) erano costituiti per la precisione da una squadra di tre sommergibili oceanici.

Questi fra la fine di luglio e i primi di agosto del 1945 raggiunsero la piccola baia di Caleta de Los Loros, nella provincia meridionale del Rio Negro. Una volta sbarcato l'importante personaggio e gli equipaggi dei mezzi, i tre sommergibili vennero affondati. Basti afferma di aver persino localizzato la zona dell'affondamento e trovato riscontro sulla presenza nel fondo di questa baia, a circa 30 metri di profondità dei tre sommergibili tedeschi. Appena sbarcati, l'organizzazione ben diretta dai capi nazisti Bormann, Mengele ed Eichmann condussero Hitler e la moglie attraverso le province di Cordoba, Buenos Aires, Mendoza e La Rioja fino a raggiungere il primo alloggio previsto, situato in una fattoria nel villaggio di La Angostura, ospiti di un tale Jorge Antonio, un fanatico peronista. Successivamente attorno al 1949, Hitler si trasferì nella provincia di Cordoba, dove grazie alla benestante coppia di agenti nazisti Walter e Ida Eickhorn, da tempo stanziati in Sudamerica, trovò degna sistemazione nella nuova casa messagli a disposizione dai due sulla collina Pan de

▶ 1931 Lo starnuto di Hitler, lo scatto rubato...
1931 Führer niesen.
1931 Führer sneeze.

◀ 1944 Collage di sei foto tratte da un ritratto originale (il primo in alto a destra) e ritoccate da esperti dei servizi segreti americani allo scopo di fornire alla polizia militare il supporto per catturare il dittatore qualora questi tentasse la fuga. Le immagini sono circolate per tutto il 1945, fino a che non si è avuta la ragionevole certezza che lo stesso dittatore non fosse più vivo.

1944 Das Bild zeigt alle sechs Versionen eines Fotos von Adolf Hitler, dass esd von einem Künstler des United States Secret Service im Jahr 1944 retuschiert, um zu zeigen, wie Hitler kann sich zu verkleiden, um die Abscheidung nach der Niederlage entkommen Deutschland

1944 The picture depicts all six versions of a photograph of Adolf Hitler that esd retouched by an artist of the United States Secret Service in 1944 in order to show how Hitler may disguise himself to escape capture after Germany's defeat. Since Hitler's death was not a certainty in 1945 the pictures were posted up all over Germany in 1945 to ease finding the (potentially) „fugitive" dictator.

◄ **1934 ritratto da studio di Adolf Hitler** ai tempi della frequentazione con l'attrice Renate Müller.

1934 Studio Portrait von Adolf Hitler.

1934 studio portrait of Adolf Hitler.

► **1945 Ecco come appariva la zona attorno al Berghof alla fine dei pesanti bombardamenti aerei compiuti dall'aviazione alleata.** Questa immagine ripresa direttamente da un aereo fa riferimento al bombardamento del 25 aprile 1945.
In quel periodo Hitler era già da diversi mesi rifugiato nel bunker della cancelleria a Berlino.

1945 Der Berghof wurde schwer während der RAF-Bombenangriff am 25. April 1945 beschädigt. Dieses Foto, von den alliierten Flugzeuge während des Überfalls gemacht wurde, zeigt die meisten der wichtigsten Obersalzberg komplex.

1945 The Berghof was heavily damaged during the RAF bombing raid on 25 April 1945. This photo, taken from the allied planes during the raid, shows most of the main Obersalzberg complex.

Asucar. Abel Basti afferma che è tuttora conservata copiosa documentazione di quel periodo sotto forma di corrispondenze e persino di foto che ritrarrebbero insieme Hitler e gli Eickhorn. Ad avvalorare la tesi viene citata anche la FBI, menzionata per essere a conoscenza della coppia di agenti nazisti, che fin dai primi mesi del 1945 si preparavano ad accogliere degnamente il Führer in Argentina. Lavorava presso i conuigi Eickhorn una domestica, tale Catalina Gamero, la quale testimoniò, di aver personalmente parlato molte volte al telefono con lo stesso Hitler, almeno fino al 1964, prima di passare la comunicazione ai suoi padroni di casa. In quegli stesi anni, pare anche che Hitler abbia avuto un incontro con un altro noto fuggiasco, il dittatore croato Ante Pavelic. L'incontro sarebbe avvenuto a Mar del Plata, città assai vicina a Buenos Aires. Attorno al 1965, il 76enne Hitler e consorte si trasferirono nel vicino Paraguay sotto la protezione del dittatore Alfredo Strenser di origine bavarese, noto per le sue simpatie naziste.
Tutte queste notizie hanno negli anni dato vita ad una vera mania di ricerca dei luoghi hitleriani in Sudamerica. La localizzazione più gettonata, sarebbe quella di Bariloche, nota località turistica nelle Ande argentine, luogo dove si sono nascosti, fra gli altri, tanti altri nazisti, fra cui ricordiamo Erich Priebke, l'assistente di Kapler nell'eccidio delle Fosse Ardeatine. La casa di San Carlos de Bariloche è un edificio molto particolare, una casa inaccessibile, in riva al lago, costruita tra il 1943 e il 1944 in perfetto stile tirolese che ricorda per molti aspetti proprio il Berghof. Nascondiglio perfetto, raggiungibile con l'idrovolante, o attraverso un'impervia strada nascosta fra i boschi. Altra suggestiva (e fantasiosa) ipotesi di fuga vedrebbe Hitler venir portato, sempre da un modernissimo sommergibile addirittura in Antartide, dove i nazisti prepararono una speciale base allo scopo di preservare la vita del loro Führer. Francamente questa però appare una teoria con non pochi elementi di assurdità, vista l'estrema difficoltà di sopravvivenza nei freddissimi ghiacciai del Polo Sud. Qualcun altro lo vuole morto di vecchiaia in Brasile nel 1980. Più recentemente è venuta alla luce una terza pista, quella indonesiana !! Il tutto si basa sulla testimonianza di un vecchio medico tedesco di nome Poch, negli anni 60 direttore sanitario

di un ospedale posto sull'isola di Sumbawa Besar. Questi raccontò ad un giornalista indonesiano di aver incontrato e parlato spesso con Hitler nel suo ospedale. Disse che lo stesso era perfettamente riconoscibile da alcuni particolari anatomici, evidenziati soprattutto dalla gamba sinistra e dal tipico passo che assunse dopo l'attentato del luglio del 1944, dal caratteristico e costante tremolio della mano sinistra, dei mitici baffi alla mosca, delle sue condizioni generali e per la figura nel suo insieme che confermavano il tutto. Altre note incongruenze, leggende e credenze in merito alla morte (o meno) di Hitler derivano dal fatto che Stalin, preferì, se veramente trovò il cadavere del capo nazista, mantenerne il mistero circa la sua scomparsa probabilmente per ragioni specifiche di opportunità. Tuttavia tale morte fu testimoniata invece da tutti, o quasi i tedeschi presenti nel bunker in quelle ultime concitate ore del 30 aprile 1945. Fra questi, il generale tedesco Rattenhuber afferma che Hitler abbia prima ingerito il veleno e, vedendo che tardava a fare effetto, abbia ordinato al suo domestico Heinz Linge di spargli un colpo di pistola. Le stesse testimonianze di Linge prima e di Otto Günsche poi non collimano in tantissimi punti circa il modo della morte del dittatore tedesco. Le modalità del ritrovamento ufficiale sono invero assai strane. Prima il 3 maggio, i russi utilizzano consapevolmente il cadavere del sosia del Führer a scopo propagandistico o disinformativo. Poi due giorni dopo annunciano il famoso ritrovamento, effettuato dal soldato Ivan Curakov, che scopre in una buca il cadavere di Hitler, di Eva Braun e dei loro cani. Cinquant'anni dopo, una lettera di Yuri Andropov (all'epoca capo del KGB), afferma che i resti di Hitler furono sepolti nelle vicinanze di un piazzale militare a Magdeburgo, che allora ospitava un reparto speciale del KGB. Sempre i russi, secondo questa lettera, nel 1970, avrebbero infine riesumato i resti di Hitler, per poi disperdere le sue ceneri in mare. Ma di foto ancora nessuna traccia ! Persino la storia, considerata la madre di tutte le prove, delle protesi dentali d'oro mostra qualche lacuna. Era infatti noto che i nazisti avessero utilizzato in passato, e quindi potenzialmente anche alla fine di aprile del 1945, una controfigura da dare in pasto ai nemici. Si trattava di un piano precedentemente organizzato, e proprio perché si sapeva che il cadavere carbonizzato sarebbe stato identificato dai ponti dentali, ne fecero

fare diverse coppie identiche da adattare ai sosia. Per finire, tornando alla fine della guerra, citiamo una fonte inglese, assai autorevole, quella del primo ministro inglese dell'epoca, successore di Churchill, Clement Attlee, il quale sosteneva che Hitler fosse vivo, cosa che dichiarò pubblicamente nel corso della conferenza di Potsdam tenutasi nel giugno del 1945.

▼ **1936 Hitler con Albert Speer e il professor Ernst Gall** mentre esaminano i lavori per la costruzione della *Haus der Deutschen Kunst,* (Casa dell'arte tedesca) a Monaco, disegnata da Paul Troost.

1936 Adolf Hitler Mi Speer und Ernst Gall besichtigt im Frühjahr 1936 den Fortgang der Bauarbeiten am „Haus der Deutschen Kunst" in München an der Prinzregentenstraße.

1936, Adolf Hitler with Speer and Ernst Gall, visited the works at the "Haus der Deutschen Kunst" in Munich

▶ **1937, visita di Hitler alla mostra dell'arte tedesca (sezione degenerata)**. Il Führer appare distratto mentre conversa con il pittore ufficiale del nazismo Adolf Ziegler, mentre Göring scruta con occhio attento una tela espressionista, cullando magari la cinica idea di recuperarla dopo l'esposizione, da buongustaio dell'arte moderna qual'era.

1937 "Tag der Deutschen Kunst" in München. Der Führer beim Rundgang durch die Ausstellung. Der Führer im Gespräch mit Prof. Ziegler, links Generaloberst Göring.

1937 Day of German Art" in Munich. Hitler visit the exibithion and speak with Professor Ziegler, left, H.Göring.

HITLER E L'ARTE

Il 15 novembre 1933 il ministro della Propaganda Goebbels stabilì con apposito decreto la nascita della Camera della Cultura del Reich (*Reichskulturkammer*). Questo organismo si proponeva di esercitare un rigido controllo su ogni manifestazione artistica, e di fatto, attraverso una occhiuta censura stabiliva quali artisti potevano lavorare e quali no, parte di questi ultimi vennero alla fine definiti anche come artisti degenerati.

Per la Germania degli anni 30, fu un vero colpo. La repubblica di Weimar, infatti, nonostante la grande crisi economica che aveva ereditato dalla guerra, aveva visto nascere movimenti e gruppi artistici di grande livello, fra i più interessanti ed innovativi del mondo di allora.

Tuttavia il nazismo se la prese principalmente con gli artisti, cosidetti figurativi: pittori e scultori in primis, ma anche cineasti e musicisti. Questo fatto era dovuto al pericolo potenziale che le immagini, con la loro eloquente denuncia, potessero rappresentare fascino e seduzione nei confronti delle masse. Hitler e i suoi lo sapevano benissimo, tanto che fu la loro principale arma negli anni del consenso, ed ora che detenevano il potere, non la volevano dividere con nessuno, tanto meno con intellettuali avversi al regime. Hitler voleva che la popolazione fosse circondata esclusivamente da simboli del potere naziolnalsocialista. I movimenti dell'arte moderna: astrattismo, dadaismo, espressionismo, *Blaue Reiter* (cavaliere azzurro) e altri, furono tutti considerati, senza eccezione movimenti "degenerati" e "corrotti". Secondo Hitler, che come è noto vantava un trascorso da acquarellista (nonostante ben due bocciature alla Accademia di Vienna) e si considerava egli stesso un artista, l'uso ardito che del colore facevano soprattutto gli espressionisti di Weimar, insieme alle immagini surreali, provocatorie e dure fossero una distorsione menzognera della realtà e della natura, che inquinava e confondeva la gente comune circa la presunta bellezza fisica e spirituale del vero tedesco.

Nell'ottobre 1936 vennero quindi praticate le prime cesoiate. Fu chiusa la sezione d'arte moderna della *Nationalgalerie* di Berlino. Creata un'apposita commissione che procedette alla disamina di tutte le opere d'arte "sospette", col risultato che almeno 20.000 lavori e manufatti artistici vennero "incriminati" e bollati come arte degenerata. La scure si abbatté soprattutto su movimenti artistici tipicamente tedeschi come quello espressionista, l'astrattismo e il Bauhaus (la grande scuola di arti applicate fondata e diretta da Walter Gropius). Tuttavia nello scandalo, in tale elenco figuravano anche grandi nomi dell'arte europea: Picasso, Van Gogh, Cézanne, Klee, Chagall ed ancora opere musicali di Hindemith, Schönberg e gli altri dodecafonici (con la parziale eccezione, non richiesta ne benedetta dalla vedova, delle musiche di Alban Berg). Ovviamente parimenti osteggiate furono anche tutte le opere d'arte di pittori, scultori e musicisti ebrei (come Felix Mendelssohn Bartholdy o Gustav Mahler che pure Hitler ebbe modo di ammirare come grande direttore d'orchestra alle prese col Ring wagneriano). Cinicamente il nazismo pensò di ricavare qualcosa dalla vendita delle opere rifiutate. Le migliori di esse furono messe all'asta a Lucerna, nella neutrale Svizzera, mentre allo stesso tempo veniva improvvisato un assurdo falò, vera coppia di quello operato tempo prima sui libri, di migliaia di altre opere nella sede del Corpo dei Pompieri di Berlino (le analogie con il romanzo Fahrenheit si fanno sempre più corpose). Il cinismo però non si fermò all'asta elvetica. Alcuni alti gerarchi, su tutti il maresciallo dell'aria, Hermann Göring (ma in parte anche lo stesso Hitler che pare avesse alcune tele "moderne" al Berghof) "salvarono", a scopi personali numerose di queste opere desiderosi di tappezzare le pareti delle loro residenze con dei Cezanne, Picasso, van Googh ecc.. Con la guerra il problema di queste sottrazioni si ampliò, e questo commercio clandestino fiorì

in generale. Le confische venivano ora praticate più in base al valore, o in alcuni casi al fatto che l'autore, definito tedesco, dovesse in qualche modo essere "riportato" in patria…

Ne soffrirono tutti i paesi occupati o coinvolti dalla guerra: la Francia, l'Italia, la Polonia (pare in questo caso che i figli del Gauleiter Hans Franck giocassero nel cortile del castello reale di Wawel a Cracovia con le preziose spade e armature con le quali nel 1683 il re di Polonia Giovanni Sobieski liberò Vienna dai turchi..).
Il regime si spinse più in là. Non bastava la sottrazione e il boicottaggio, occorreva legittimare il discredito, a scopo "educativo" per le masse. Allo scopo vennero organizzate due mostre contemporanee, entrambe a Monaco, siamo nel 1937. La prima, quella ufficiale, organizzata nella nuovissima Casa dell'Arte Tedesca, progettata dall'architetto neoclassico Paul Ludwig Troost (prima dell'avvento di Speer, il più amato degli architetti di Hitler). Una mostra piena di opere dove veniva fatto sfoggio di muscoli ariani scolpiti nei più candidi marmi, oltre ad un incredibile numero di ritratti del Führer, dai più classici a quelli in tenuta di moderno cavaliere teutonico. Questa ampollosa e monumentale mostra venne visitata da circa 400.000 persone, fra cui molte scolaresche ed organizzazioni del partito. In quell'occasione il Führer tenne il seguente discorso chiarificatore, puntualmente riportato dal giornale del partito Völkischer Beobachter:

"Vorrei quindi, oggi in questa sede, fare la seguente constatazione: fino all'ascesa al potere del Nazionalsocialismo c'era in Germania un'arte cosiddetta "moderna", cioè, come appunto è nell'essenza di questa parola, ogni anno un'arte diversa. Ma la Germania nazionalsocialista vuole di nuovo un'arte tedesca, ed essa deve essere e sarà, come tutti i valori creativi di un popolo, un'arte eterna. Se invece fosse sprovvista di un tale valore eterno per il nostro popolo, allora già oggi sarebbe priva di un valore superiore. Quando fu posta la prima pietra di questa casa, ebbe inizio la costruzione di un tempio non alla cosiddetta arte moderna, ma una vera ed eterna arte tedesca, o meglio: si erigeva una sede per l'arte del popolo tedesco non per una qualche arte internazionale del 1937, '40, '50 o '60. Perché l'arte non trova fondamento nel tempo, ma unicamente nei popoli. L'artista perciò non deve innalzare un monumento al suo tempo, ma al suo popolo. Perché il tempo è qualcosa di mutevole, gli anni sopravvengono e passano. Ciò che vivesse solo

◄ **1937 il ministro Goebbels visita la mostra di arte degenerata** con visibile aria di scherno e sufficienza.
1937 wurde der Minister Goebbels besucht die Ausstellung Entartete Kunst.
1937 the Minister Goebbels visits the exhibition of degenerate art.

▼ **1945 Alcuni soldati americani,** mostrano il ritrovamento di un capolavoro impressionista, il quadro *"nel conservatorio"* di Edouard Manet. I nazisti nascosero migliaia di opere d'arte trafugate in tutti i paesi sottoposti alla loro occupazione, Un grande numero di queste opere d'arte furono restituite ai legittimi proprietari alla fine della guerra, tuttavia molte andarono perse. Curiosamente però, almeno in questo caso, la didascalia ufficiale è fallace, in quanto questo dipinto era già facente parte del patrimonio tedesco, in quanto era (ed è) esposto al museo Altenationale Gallerie di Berlino. Il suo nascondiglio, verosimilmente serviva ad evitargli ulteriori danneggiamenti.
1945 1945 US-Soldaten finden den Nazis geplündert Kunst in einem deutschen Salzbergwerk: Nach dem Krieg finden US-Soldaten Édouard Manet ist im Konservatorium unter vielen anderen Bildern von den Nazis in einem deutschen Salzbergwerk versteckt.
1945 U.S. soldiers find the Nazis' plundered art in a German salt mine: After the war, U.S. soldiers find Édouard Manet's In the Conservatory *among many other paintings hidden by the Nazis in a German salt mine.*

in grazia di una determinata epoca dovrebbe decadere con essa.

Questa caducità dovrebbe toccare non solo ciò che è nato prima di noi, ma anche ciò che oggi nasce davanti ai nostri occhi o che solo nel futuro troverà la sua forma. (...)
Sappiamo dalla storia del nostro popolo che esso si compone di un certo numero di razze più o meno differenziate, che nel corso dei secoli, sotto l'influsso plasmante di un nucleo razziale dominante, hanno prodotto quella mescolanza che oggi noi abbiamo dinanzi agli occhi appunto nel nostro popolo. Questa forza che un tempo plasmò il popolo, che perciò tuttora agisce, risiede nella stessa umanità ariana che noi riconosciamo non solo quale depositaria della nostra cultura propria, ma anche delle antiche culture che ci hanno preceduto. Questa formula di composizione del nostro carattere nazionale determina la poliedricità del nostro specifico sviluppo culturale, come anche la naturale

parentela che ne deriva con i popoli e le culture dei nuclei razziali simili appartenenti alla famiglia dei popoli europei. Tuttavia noi, che viviamo nel popolo tedesco il risultato finale in questo graduale sviluppo storico, auspichiamo un'arte che anche al suo interno tenga sempre più conto del processo di unificazione di questa compagine razziale e di conseguenza assuma un indirizzo organico ed unitario".

La seconda mostra, fu invece organizzata in parte nella stessa Haus e in parte in una sede poco lontana, montata con una scenografia studiata ad hoc per rendere mostruoso e grottesco il significato e l'immagine della cosiddetta "Arte degenerata". Fu suo malgrado, rappresentato il trionfo dell'arte espressionista con oltre 700 opere delle avanguardie del XX secolo. Le opere erano volutamente mal esposte, appoggiate o rovesciate alle pareti, spesso senza cornici. Le didascalie erano state cambiate dagli organizzatori nazisti della mostra a loro gusto e piacimento, col chiaro intento di irridere gran parte di esse. La tesi neanche tanto celata era che questi prodotti artistici fossero dovuti a menti malate, o al più di incapaci e dilettanti. Il discorso di inaugurazione venne tenuto stavolta da Adolf Ziegler, pittore ufficiale di Hitler, nonché sorta di commissario e primo critico dell'arte in Germania. Questi nel suo discorso di apertura della mostra, definì i lavori esposti: *"Prodotti della follia, della spudoratezza, dell'incapacità e della degenerazione".* Furono contati in oltre due milioni di visitatori, coloro che andarono a vedere le opere "degenerate" in mostra.

Hitler tenne altri discorsi in merito alla sua particolare visione del mondo dell'arte: *"Sono certo che pochi anni di governo politico e sociale nazionalsocialista porteranno ricche innovazioni nel campo della produzione artistica e grandi miglioramenti nel settore rispetto ai risultati degli ultimi anni del regime giudaico. (...) Per raggiungere tale fine, l'arte deve proclamare imponenza e bellezza e quindi rappresentare purezza e benessere. Se questa è tale, allora nessun'offerta è per essa troppo grande. E se essa tale non è, allora è peccato sprecarvi un solo marco. Perché allora essa non è un elemento di benessere, e quindi del progetto del futuro, ma un segno di degenerazione e decadenza. Ciò che si rivela il "culto del primitivo" non è espressione di un'anima naif, ma di un futuro del tutto corrotto e malato.*

(...) Chiunque ad esempio volesse giustificare i disegni o le sculture dei nostri dadaisti, cubisti, futuristi o di quei malati espressionisti, sostenendo lo stile primitivista, non capisce che il compito dell'arte non è quello di richiamare segni di degenerazione, ma quello di trasmettere benessere e bellezza. Se tale sorta di rovina

▲ **1945 E giunse il turno degli artisti tedeschi a dover render conto...**
Quando gli americani raggiunsero Garmish, notarono subito una bella villa con parco, pensarono quindi di requisirla per farne il loro comando. Fecero quindi formale e secca richiesta ai residenti di sloggiare la casa rilasciando prima le loro generalità. Una lunga fila di cuochi e camerieri e altri si presentò allora davanti allo zelante ufficiale americano e alla sua scorta. Questi raccolse i nomi di tutti finché alla fine della coda gli si presentò un vecchietto, che interrogato disse a sua volta il proprio nome: Richard Strauss. L'americano, allora chiese: "Strauss il compositore ? l'autore del Rosenkavalier ?".Questi annuì. L'ufficiale, imbarazzatissimo, scattò allora immediatamente sull'attenti, diede ordine alla scorta/picchetto di fare altrettanto. Porse le sue scuse formali a nome dell'esercito americano e restituì la casa, con l'appannaggio di tutti i suoi domestici, all'anziano musicista. Si scoprì poi che il tenente USA era un oboista, Strauss in segno di gratitudine scrisse poi per lui un famoso concerto per oboe e orchestra.
1945 Villa Strauss in Garmisch, passiert Zeuge einer guten Sache an den Musiker Richard Strauss.
1945 The Strauss villa in Garmisch, witness of a positive fact occurred to the musician Richard Strauss.

◀ **1945 Un soldato americano monta la guardia** ad un enorme deposito di opere d'arte trafugate durante la guerra e nascoste in questa chiesa di Elligen in Baviera.
1945 Ein US-Soldat steht Wache an einem riesigen Kaution von Kunstwerken während des Krieges gestohlen und versteckt in dieser Kirche in Elligen.
1945 A U.S. soldier stands guard at a huge deposit of important stolen artworks during the war and hidden in this church at Elligen.

artistica pretende di portare all'espressione del "primitivo" nel sentimento del popolo, allora il nostro popolo è cresciuto oltre la primitività di tali "barbari".
Il teorico del nazismo Alfred Rosenberg ebbe l'incarico ufficiale di creare un organismo che si occupasse, in maniera scientifica e teutonica delle opere d'arte e oggetti preziosi recuperati dalle armate tedesche nei paesi sotto occupazione, o confiscati, soprattutto a famiglie ebree. *Einsatzstab Reichsleiter Rosenberg* (ERR) era il nome di questa speciale task-force. Numerosi e zelanti funzionari di partito vennero allo scopo ingaggiati, per catalogare, stimare, classificare e conservare (in uffici pubblici, o nascosti in speciali bunker e altri pertugi inaccessibili) Tra i saccheggi più famosi, figurano quelli delle collezioni appartenenti a moltissime famiglie ebree di Francia e Belgio. Fu un furto colossale, compiuto su larga scala in uno dei più massicci raid nella storia culturale. Ad aggravare il tutto, questi ladri legalizzati spesso si facevano fotografare con il loro bottino, prima di catalogarlo con metodo e disciplina su apposite schede dattiloscritte. Uno dei più importanti di questi uffici era posto addirittura all'interno del museo impressionista *Jeu de Paume* a Parigi. Questa maniacale (e caratteristica) tendenza

a catalogare e classificare tutto ha fatto si che nel dopoguerra il ritrovamento di quasi 20.000 opere importanti (nel totale invece si parla di quasi un milione di oggetti più o meno preziosi) sia in qualche misura stato facilitato, proprio da documenti nazisti, e dalla precisione con cui vennero redatti. Documenti che oltretutto riportavano in chiaro anche i diretti responsabili delle varie operazioni. A tutt'oggi si stima comunque che almeno la metà delle opere sottratte e catalogate non sia ancora stata restituita ai loro proprietari o alle loro famiglie. Buona parte del bottino, come già detto era finito anche nella vicina Svizzera, e ceduto o attraverso l'asta di Lucerna o stoccata nei forzieri svizzeri. Questo è uno dei motivi che ancora oggi rendono difficile il recupero di molti di questi oggetti, alcuni dei quali "regolarmente" assegnati in asta ad ignari compratori. La Svizzera si è detta comunque pronta a collaborare al fine di sanare questa incredibile questione, aprendo i propri archivi sui beni sottratti durante la seconda guerra mondiale, formulando soluzioni eque nel processo di restituzione ai legittimi proprietari o ai loro discendenti.

▼ **1945 7 giugno, Impressionate immagine** che mostra il cappellano militare dell'esercito degli Stati Uniti: Samuel Blinder mentre esanima una delle centinaia di "*Saphor Torahs*" presenti in questo nascondiglio insieme a molti sacri libri ebraici, frutto del brutale saccheggio delle sinagoghe in tutta l'Europa occupata. Lo sterminio scientifico dell'olocausto, non prevedeva quindi solo l'eliminazione delle persone, ma anche la distruzione dei simboli della storia e della religione di un intero popolo.

1945 1945 Der Pastor Samuel Blinder untersucht eines der Hunderte von "Saphor Thoras" (heiligen Schriftrollen) Teil eines Cache der hebräischen und jüdischen Bücher, die gestohlen wurden gesammelt und aus allen besetzten Ländern Europas.

1945 The US army, Chaplain Samuel Blinder examines one of the hundreds of "Saphor Torahs" (sacred scrolls) part of a cache of Hebrew and Jewish books that were stolen and collected from every occupied country in Europe.

BIBLIOGRAPHY - BIBLIOGRAFIA

- **Il caso Hitler** di Frederic V.Grunfeld. Bompiani 1975.
- **La Repubblica di Weimar** di Walter Laqueur, Rizzoli 1979.
- **La fantastica esistenza di Adolf Hitler** di Giulio Ricchezza , Ferni editore 1974.
- **Le donne dei nazisti** di Anna Maria Sigmund, TEA storica 2003.
- **Nazismo** di Andrea la Bella , Giunti 2000.
- **Gestapo** di Roger Manvell, Albertelli Editore 2000 (edizione fuori commercio).
- **Obiettivo Hitler** di Joachim Fest, Garzanti 2006.
- **La notte dei lunghi coltelli** di Andrè Brissaud, Edizioni Ferni 1973.
- **Berlino** di Echt Trstner, Edizioni Ferni 1973.
- **I medici dei lager** di Philippe Aziz, Edizioni Ferni, 1975.
- **Memorie del terzo Reich** di Albert Speer, Mondadori Oscar Storia, 1997.
- **Interrogatori** di Richard Overy, Mondadori Oscar storia, 2003.
- **La notte dei lunghi coltelli** di Max Gallo, Mondadori Oscar Storia, 1999.
- **Stretta nel tempo: storia della mia vita** di Leni Riefenstahl, Bompiani 1995.
- **Göring il maresciallo del Reich**, di David irving Mondadori 1997.
- **Diari segreti di Spandau** di Albert Speer, Monaddori 1976.
- **Hitler, studio sulla tirannide** di Alan Bullock, Monadori 1965.
- **Il volto del terzo Reich, profilo degli uomini chiave del nazismo** di J.Fest, Mursia 1992.
- **Eva Braun la donna di Hitler**, di Nerin E.Gun, Longanesi 1970.
- **Mein Kampf** di Adol Hitler, Landsberg 1933.
- **Tutti gli uomini di Hitler** di Guido Knopp, Edizioni Corbaccio 1999.
- **Hitler segreto: lettere ed appunti inediti**, Garzanti 1973.
- **Conversazioni a tavola di Hitler 1941-1944** di Trevor-Roper, Editrice Goriziana 2011.
- **Hitler figlio della Germania**, di Antonio Spinosa. Mondadori 2003.
- **Il carisma di Hitler. L'invenzione di un messia tedesco** Herbst Ludolf, Feltrinelli, 2011.
- **I sacerdoti di Hitler. Clero cattolico e nazionalsocialismo** di K.P. Spicer, Mondadori, 2010.
- **Colloqui con Hitler. Le confidenze esoteriche del Führer**,H.Rauschning, Tre Editori 1996.
- **La biblioteca di Hitler. Che cosa leggeva il Führer** di T. W. Ryback, Mondadori, 2008.
- **Hitler era innocente** di Moscatelli Cataldo, I Sognatori, 2008.
- **Hitler. 1889-1936. 1936-1945** (2 vol.) Di Ian Kershaw, Bompiani, 2004.
- **I verbali di Hitler. 1.1942-1943** (2 vol.) Di H. Heiber, Adolf Editrice Goriziana, 2009.
- **Il Mein Kampf di Adolf Hitler. Le radici della barbarie nazista** di Galli G., Kaos 2006.
- **Hitler. Una biografia**, di Joachim C. Fest, , Garzanti Libri, 2005.
- **Hitler, appunti per una spiegazione**, Sebastian Haffner, Garzanti, 1978.
- **Hitler, di Rainer Zitelmann**, Bari, Laterza, 1998.
- **Fino all'ultima ora.** Di Traudl Junge, Milano, Mondadori, 2004.
- **Salon Kitty , sesso e spionaggio nel terzo Reich**, di Petr Norden, Mursia 1975.
- **Storia del terzo Reich**, di William Shirer, Torino 1962.
- **Hitler mi ha detto. I discorsi privati del Führer,** di Hermann Rauschning, Pgreco 2012.
- **Nella mente di Hitler. Analisi psicologica del dittatore nazista** di L.C. Walter,Pgreco 2011.
- **Il carisma di Hitler,** di Herbst Ludolf, Feltrinelli 2011.
- **Gli ultimi giorni di Hitler**, di Boldt Gerhard. Pgreco 2011.

TITOLI PUBBLICATI - ALREADY PUBLISHING

WWW.SOLDIERSHOP.COM   WWW.BOOKMOON.COM

www.ingramcontent.com/pod-product-compliance
Lightning Source LLC
LaVergne TN
LVHW070446070526
838199LV00037B/704